Puppenkleider selbst nähen

humb●ldt
Freizeit

Puppen sind ein liebenswertes Spielzeug für jung und alt. Die meisten Puppenmütter wünschen sich hübsch – vielleicht sogar modisch wie sie selbst! – gekleidete Puppenkinder.
Ob Sie lieber nähen oder stricken – welch niedliche und originelle Puppenkleider sich aus allerlei Stoff- und Wollresten anfertigen lassen, zeigen Ihnen die leicht verständlichen Arbeitsanleitungen und Schnittmuster zu jedem Modell in diesem Band.

Puppenkleider selbst nähen

Von Anita Gunnars

humboldt-taschenbuch 569

Umschlaggestaltung: Christa Manner, München
Umschlagfoto: aus Schweden; Beschreibung der Modelle siehe Seiten
52—54 und 76/77
Farbfotos und Zeichnungen im Innenteil: aus Schweden
Schnittzeichnungen: Gisela Schinzel, München

Aus dem Schwedischen übertragen von Senta Kapoun

© 1987 by Humboldt-Taschenbuchverlag Jacobi KG, München, für die
Taschenbuchausgabe
© 1981 by ICA-Verlag AB Västeras und Anita Gunnars
Titel der schwedischen Originalausgabe: »Sy och sticka dokkläder«
© 1983 by Orell Füssli Verlag, Zürich und Schwäbisch Hall, für die
deutsche Ausgabe »Wir nähen und stricken Puppenkleider«
Druck: Presse-Druck Augsburg
Printed in Germany
ISBN 3-581-66569-7

1 2 3 * 89 88 87

Inhalt

Vorwort

Das Nähen von Puppenkleidern ist ein Zeitvertreib, der Freude bereitet. Vielfältig sind dabei die Möglichkeiten, Stoffreste und Kleidungsstücke zu verwerten, aus denen die Kinder herausgewachsen sind.

Mein Wunsch war, einfache Modelle für Puppen zu entwerfen, die leicht zu schneidern sind, und ich glaube, sie sind mir gelungen. Wichtig war mir auch, daß die Kinder ihren Puppen diese Kleidungsstücke ohne fremde Hilfe anziehen können. Kleidchen, Hosen und Anzüge, Pullover, Mützen und Schuhe sehen aus wie das, was Puppenmütter und Puppenväter selber gern tragen.

Mit diesem Buch möchte ich allen Kindern, die gern mit Puppen spielen, Freude machen. Erwachsene, die mit Kindern zu tun haben und die für sie ein Puppenkleidchen nähen oder stricken möchten, finden darin vielerlei Anregungen.

Viel Spaß beim Selbermachen!

Anita Gunnars

Erklärungen und Tips

Bevor Sie ans Werk gehen

Überzeugen Sie sich zunächst, ob der Stoff durch seine Muster eine bestimmte »Richtung« voraussetzt oder ob er sogar einen »Strich« hat. Wenn ja, fordert das Material eine bestimmte Verarbeitung. Wichtig ist diese Prüfung bei Manchester, Samt, Plüsch, Pelzimitationen und echtem Pelz. Auch Loden, Tuch und manche synthetischen Materialien sind genau zu prüfen. Am besten tun Sie das bei Tageslicht oder im Gegenlicht: Sie legen ein abgeschnittenes Muster entgegen dem normalen Fadenlauf auf den Stoff und halten ihn ins Licht. Zeigt sich dabei ein Unterschied im Farbton, dann hat der Stoff eine Richtung.

Wichtig ist auch, ob der Stoff einläuft oder nicht. »Dämpfen« Sie Flanelle und Tuche erst einmal. Das heißt: sie werden gut feucht durchgebügelt. Dazu legen Sie ein Bügeltuch auf, das etwas nasser ist als das später während der Näharbeit zum Ausbügeln verwendete Tuch.

Baumwolle kann beträchtlich einlaufen. Ratsam ist hier folgendes Vorgehen: Zwei gleich große Stoffproben (10x10 cm) werden zugeschnitten und in Wasser mit jener Temperatur gesteckt, in der das Kleidungsstück später gewaschen wird (30°–60°). Es kann auch eine der Proben einfach naß gemacht und heiß trockengebügelt werden. Nun vergleichen Sie die Stoffproben. Bei einem augenscheinlichen Größenunterschied waschen Sie am besten den Stoff, den Sie verwenden wollen, vor. Dadurch ersparen Sie sich nach der ersten Wäsche unangenehme Überraschungen am fertigen Puppenkleidchen.

Wiederholt sich dasselbe Muster oder dieselbe Bindung regelmäßig, dann hat der Stoff einen »Rapport«. Da heißt es aufpassen, wenn Ihnen an exakter Übereinstimmung gelegen ist. Häufig liegen Karos oder Streifenmuster in einer bestimmten Richtung.

Vergrößern der Schnittmuster

✂ Allen Modellen sind Schnittzeichnungen in Verkleinerung zugeordnet. Damit das neue Kleidungsstück auch wirklich »wie angegossen« sitzt, muß **jede Schnittzeichnung** entsprechend den speziellen Maßen Ihrer Puppe **vergrößert** und sorgfältig anprobiert werden.

✂ Sie können die Schnittzeichnungen in Vergrößerung auf Transparentpapier oder auf Vlies zeichnen.

✂ **Nahtzugaben** sind auf den Schnittzeichnungen **nicht** berücksichtigt! Legen Sie deshalb die fertig vergrößerten Schnittzeichnungen auf den Stoff auf, stecken sie mit Nadeln fest und geben **beim Zuschneiden** bei allen Teilen rundherum ca. 1 cm Stoff als Nahtzugabe zu.

Tip: Praktisch ist es, die Schnittmusterteile mit Schneiderkreide auf den Originalstoff zu zeichnen. So kann beim Zuschneiden nichts verrutschen!

✂ Dann Modell zusammenheften und der Puppe anprobieren. Notwendige Änderungen am Schnitt sind Ihnen überlassen.

✂ Gehen Sie beim Nähen in der Reihenfolge der Modellbeschreibung vor.

Zeichenerklärung zu den Schnittmustern:

→ = Fadenlauf
▼ = Übereinstimmungszeichen
vM = vordere Mitte
hM = hintere Mitte

Zuschneiden und Nähen

Wichtig ist eine scharfe Schere. Alle Ränder müssen glatt und gleichmäßig sein. Vergessen Sie nicht, die Übereinstimmungszeichen anzubringen! Für das Zusammenfügen der Einzelteile ist immer das kleine Dreieck maßgebend.

Nähen Sie *alle* Nähte in einer Richtung. Wenn Sie also die erste Seitennaht von unten anfangen, müssen Sie die andere Seitennaht auch von unten nach oben nähen.

Das Bügeleisen bitte so oft wie möglich verwenden!

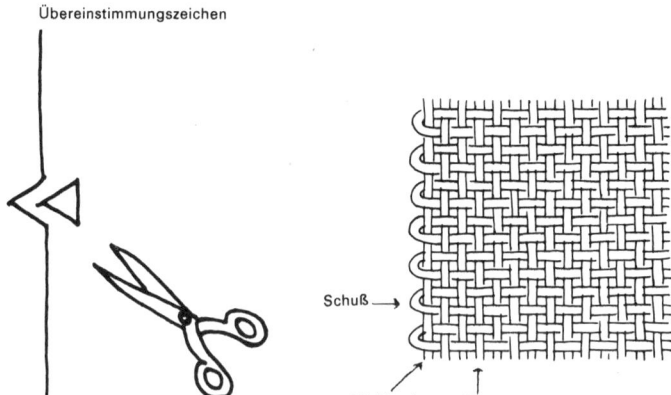

Übereinstimmungszeichen

Schuß →

Webkante   Kette

Nahtränder werden sofort von Hand oder mit Zickzackstich versäubert. Schneiden Sie die gut vernähten Fäden gleich ab!
Das Nähen macht bei sauberer Arbeit viel mehr Freude. Es ist ratsam, in kleinen Einheiten zu arbeiten. So wird zum Beispiel das Oberteil immer vor Einsetzen der Ärmel ganz fertiggestellt.
Fadengerade heißt, daß man dem Gewebefaden in einer bestimmten Richtung folgt. Maßgebend ist also entweder der Fadenlauf der Kette – und damit der Webkante – oder auch die Schußrichtung. Der »Schuß« bewirkt die Art der Fadenkreuzung und damit die Bindung des Stoffes.

Kennzeichnung

Wenn Sie einen Schnitt verwenden, schlagen Sie die Umrisse am besten mit einem in der Farbe abweichenden doppelten Heftfaden durch Schlingen auf den Stoff durch. Das geht so vor sich, daß abwechselnd ein Stich festgezogen wird und der nächste mit 1 cm hoher Schlinge stehenbleibt. Danach ziehen Sie die beiden Teile auseinander und schneiden die Durchschlagfäden dazwischen vorsichtig auf.
Bei vorhandener Kennzeichnung schneiden Sie am besten ein Dreieck in den Rand der Nahtzugabe.

13

Schrägstreifen und Schrägband

Schrägstreifen sind genau diagonal über Kette und Schuß des Stoffes verlaufende Streifen. In dieser Lage hat der Stoff die größte Dehnbarkeit.

Beim Zuschneiden werden die beiden Fadenrichtungen von Kette und Schuß über Eck aufeinandergelegt. Der Bug ergibt die Laufrichtung des Schrägstreifens.

Die Bugkante markieren Sie mit Schneiderkreide, Bleistift oder Stecknadeln.

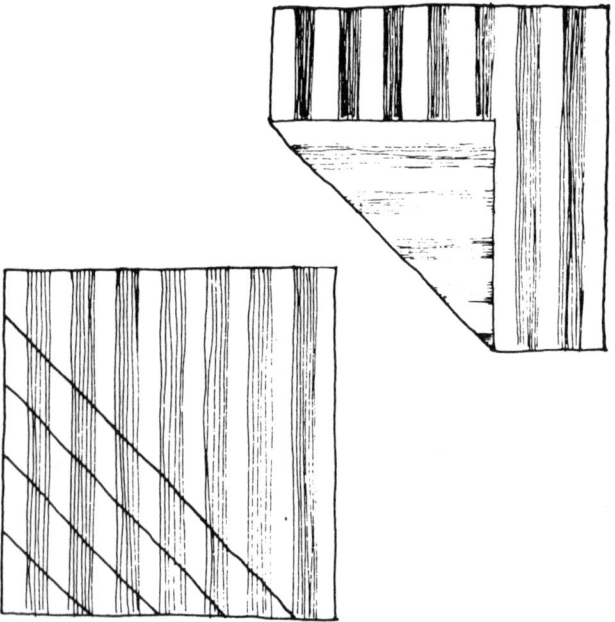

Um die Dehnbarkeit voll auszunutzen, schneiden Sie alle erforderlichen Schrägstreifen in dieser vorgegebenen Diagonale.

Die Breite des Streifens wird von der gekennzeichneten Schräge weg gemessen und nach dem Lineal mit Kreide oder Bleistift auf dem Stoff vorgezeichnet.

Das Zuschneiden ist nun keine Hexerei mehr. Wenn Sie viele Schrägstreifen brauchen, lohnt es sich, aus Karton eine Schablone anzufertigen. Sie ersparen sich das viele Messen!

Zusammenfügen der Schrägstreifen

Die fadengeraden Ränder der zugeschnittenen Streifen werden seitenverkehrt aufeinandergelegt und im Fadenlauf zusammengenäht. Alle Verbindungsnähte müssen nach einer Seite stehen! Streifen Sie die kurzen Nähte mit dem Fingernagel auseinander, ehe Sie darüberbügeln. Überstehende Ecken und Fäden abschneiden!

Der Schrägstreifen wird mit dem Bügeleisen mühelos in die erforderliche Form gebracht. Der Streifen wird dabei durch Dehnen des einen Randes im Bogen geführt. Bügeln sie immer von außen nach innen.

Schrägstreifen sind sehr vielseitig verwendbar.

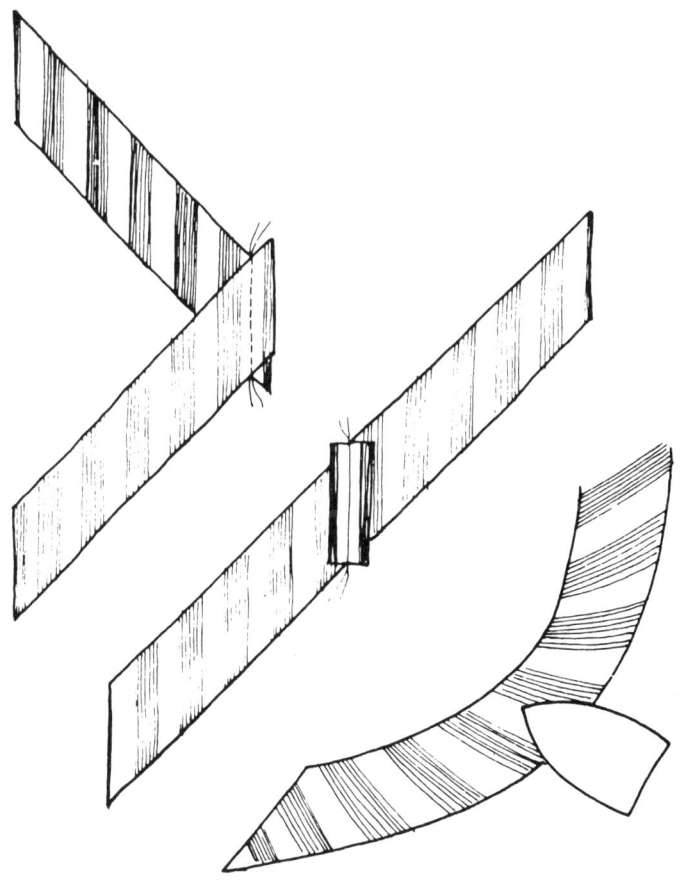

Für das Versäubern von Hals- und Ärmelausschnitten gibt es viele Möglichkeiten

A. Streifen in die gewünschte Form bügeln, rechts auf rechts anlegen und ca. 0,5 cm vom Rand annähen.
B. Die Naht auseinanderstreifen, die Einfassung nach innen legen. Der Streifen wird nun beliebig angesäumt.

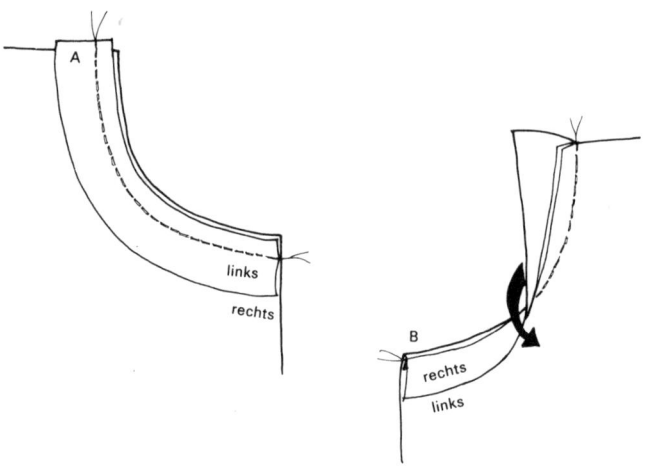

a) Mit der Maschine am Stoffbug entlang steppen und die offene Kante von Hand umstechen.
b) Schnittkante umlegen und am Bug entlangsteppen.
c) Schnittkante umlegen und mit der Hand ansäumen.

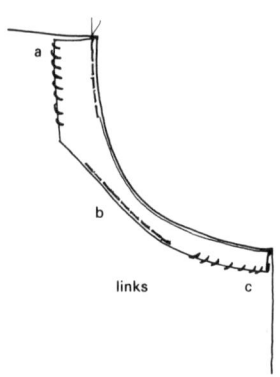

Die Paspel (Passepoil)

A. Den Paspelschrägstreifen legen Sie – der Länge nach in der Mitte gefaltet – entlang der Stoffkante und steppen ihn fest. Der Nahtrand wird umstochen.

B. Bügeln Sie die Paspel nach oben. Mit der Maschine steppen Sie nun von rechts knapp an der Verbindungsnaht entlang.

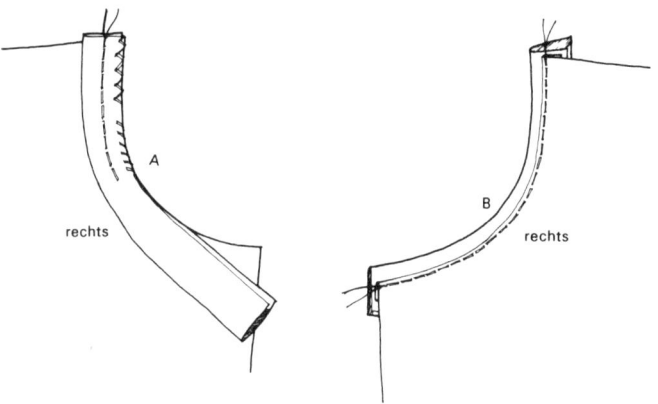

A. Der Schrägstreifen wird angenäht und über die Naht gelegt.

B. Die umgebogene Schnittkante mit der Maschine oder von Hand direkt auf die erste Maschinennaht nähen.

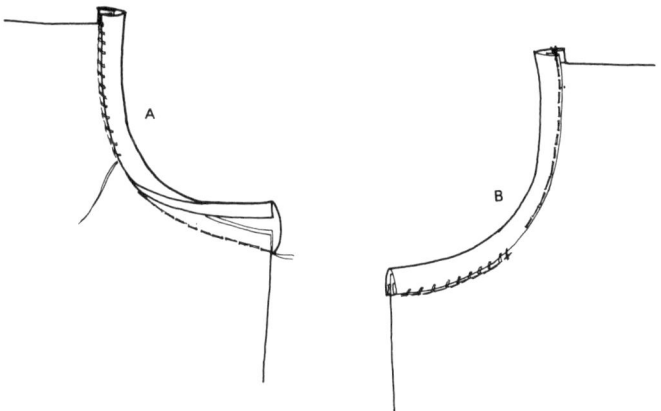

Schrägband in vielen Farben und Breiten gibt es im Fachhandel und in Warenhäusern zu kaufen.

Besatzstreifen

Der Besatzstreifen unterscheidet sich dadurch vom Schrägstreifen, daß seine Fadenlage der des Oberstoffs entspricht.

Zeichnen Sie den entsprechenden Schnittverlauf ab und *markieren Sie den Fadenlauf.* Die Breite des Besatzes richtet sich immer nach dem Teil, den sie versorgen wollen.

Erst jetzt wird der Stoff für den Besatz zugeschnitten. Wichtig ist die Übereinstimmung im Fadenlauf!

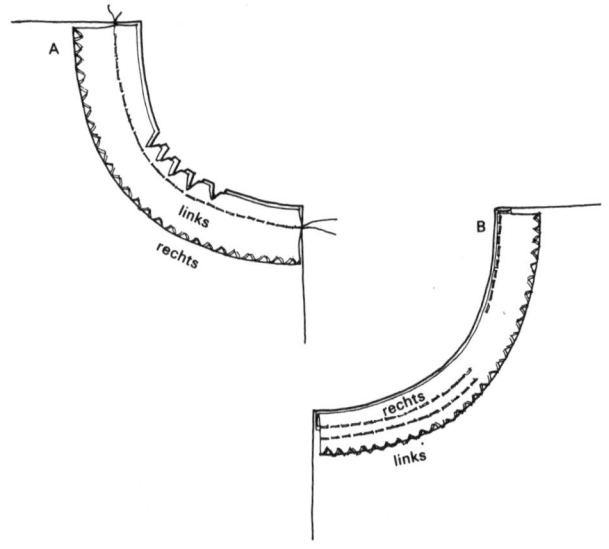

A. Besatzstreifen rechts auf rechts liegend annähen und die Kante versäubern. Bei Rundungen gibt es manchmal Schwierigkeiten mit dem Nahtrand. Wo die Naht zieht, knipsen Sie den Nahtrand mehrmals vorsichtig ein. Nun wird die Naht von rechts auseinandergekratzt und der Besatzstreifen nach innen umgelegt.
B. Befestigt wird der Besatz durch eine Stepp- oder Ziernaht. Es ist auch möglich, ihn mit kleinen Hohlstichen an den Oberstoff zu nähen oder ihn an Quernähten zu befestigen.

Besonders dekorativ wirkt ein verstürzter Besatz in harmonisch abweichender Farbe oder in einer anderen Stoffqualität.

Nähte

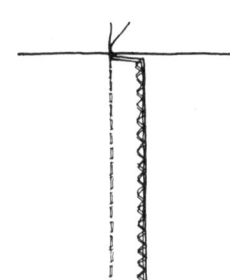

Maschinennaht: Schneiden Sie die Nahtränder möglichst glatt; sie werden in einem versäubert.

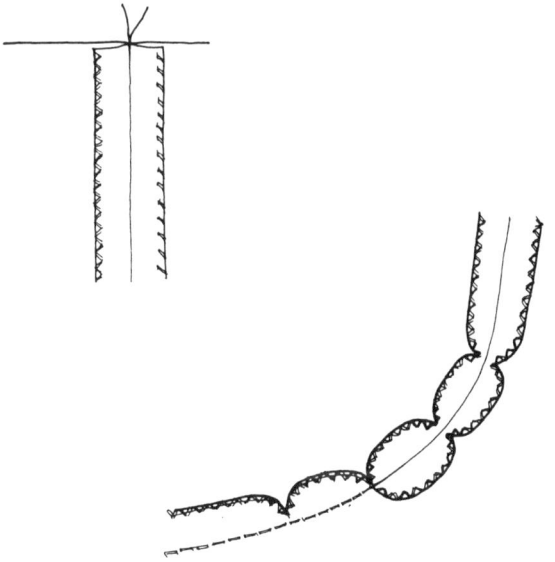

Einfache Steppnaht: Nahtränder glattschneiden, auseinanderbügeln und einzeln versäubern.

Bei geschweiften Nähten ist es nicht immer möglich, die Ränder glatt an den Stoff zu bügeln. Wo Nähte leicht »ziehen«, knipsen Sie den Rand mit der Schere senkrecht zur Naht etwas ein. Ecken abrunden und versäubern.

Gestürzte Naht (Französische Naht, Rechts-links-Naht):

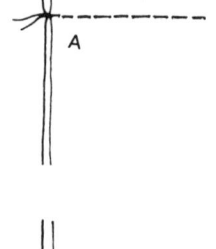

A. Schnitteile links auf links genau aufeinanderlegen und 0,5 cm vom Rand steppen. Naht an der Unterseite gut ausstreifen. Ränder auf ca. 0,3 mm beschneiden.

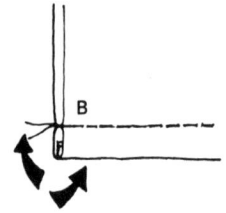

B. Arbeit wenden und entlang der Naht zusammenlegen. Nun ein zweitesmal in 0,75 mm Abstand absteppen.

Flachnaht:

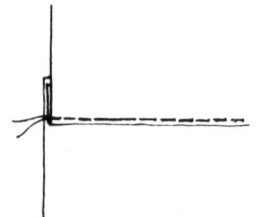

Bügeln Sie die etwas breitere Normalnaht nach einer Seite. Unteren Nahtrand schmal zurückschneiden und obenaufliegende Kante schmal umsteppen.

Flachnaht mit Paspel (Passepoil), Vorstoß oder Zierband:

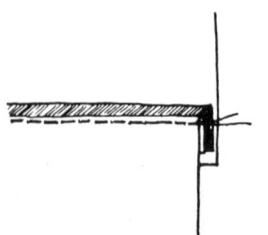

Paspel oder Litze heften Sie zwischen Ober- und Unterstoff. An der Bruchkante steppen. Diese Naht eignet sich besonders zur Betonung einer bestimmten Linie.

Kappnaht: flache Kappnaht

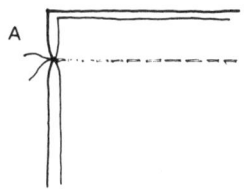

A. Stoffteile rechts auf rechts zusammennähen.

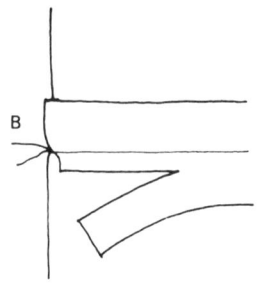

B. Einen Nahtrand etwa auf die Hälfte zurückschneiden.

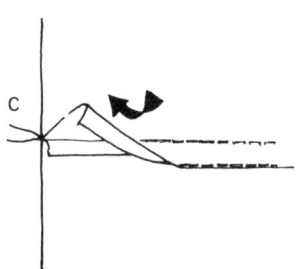

C. Den überstehenden Nahtrand schmal einlegen. Die Naht muß ganz flach aufliegen. Mit der Maschine schmalkantig steppen oder mit der Hand ansäumen.

Säume

Zeichnen Sie die Saumbreite an und heften Sie sie knapp über den Stoffbruch. Am besten fertigen Sie eine Schablone aus steifem Papier oder leichtem Karton an und markieren den Verlauf des Saumes mit Kreide oder Durchschlagschlingen auf dem Stoff. Eingeschlagenen Stoffrand stecken oder heften.

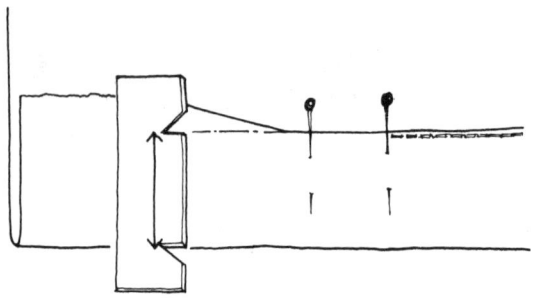

Wenn Sie die Stecknadeln wie auf der Zeichnung senkrecht stellen, näht die Maschine mühelos darüber.

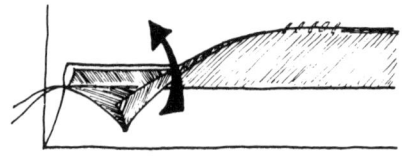

Stark ausfransende Stoffe können mit angestepptem Bändchen oder Schrägstreifen hochgenäht werden.

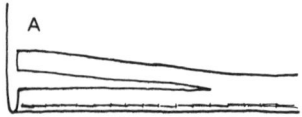

A. Schmale Säume werden besonders hübsch, wenn Sie den Stoff nach links umlegen und ganz knapp am unteren Rand entlangsteppen. Der Stoff wird nun bis auf ein schmales Rändchen zurückgeschnitten.

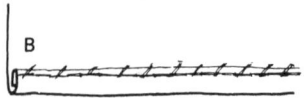

B. Sie legen den Saum noch einmal um, bügeln gut an und steppen schmal ab. Natürlich können Sie auch von Hand gegensäumen.

Mit einem Zierband rechts hochgenähter Saum.

Säume an Glockenröcken machen es der Näherin nicht leicht. Hier nehmen Sie Schrägband zu Hilfe.

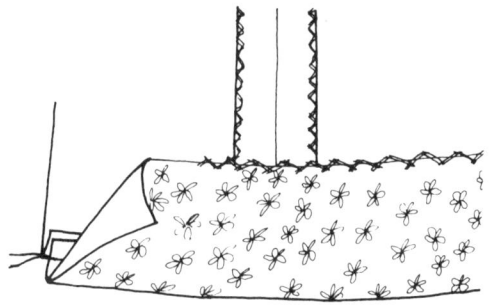

Besonders dekorativ wirkt ein Vorstoß in Kontrastfarbe oder gemustertem Stoff.

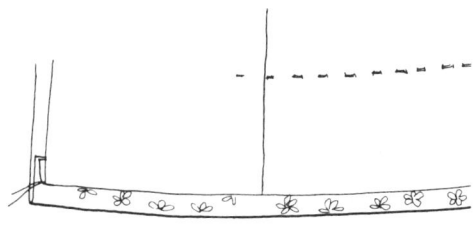

Schrägstreifen als Paspel sichtbar vorgestoßen.

Der Schlitz

Der einfache Schlitz entsteht durch fadengerades Aufschneiden vom Halsausschnitt nach unten. Die Abbildung links zeigt es.

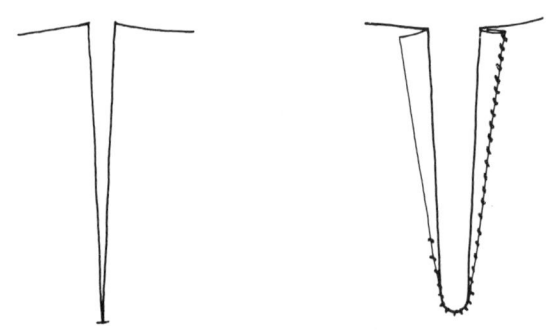

Die Schnittkanten werden innen sehr schmal gesäumt.

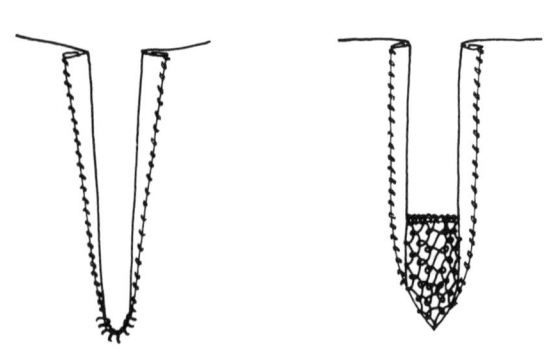

Hier verstärkt der Langetten-stich das untere Schlitzende.

Dekorativ wirkt der Ausschnitt mit einer sogenannten Nadelspitze.

Verstürzter Schlitz

Sie schneiden den Schlitz in der gewünschten Länge ein. Hier brauchen Sie nun einen Besatzstreifen.

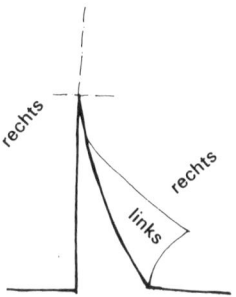

Länge des Streifens = doppelte Schlitzlänge
Breite des Streifens = doppelte Breite des fertigen Über- oder Untertritts + Nahtzugabe = 3-4 cm.

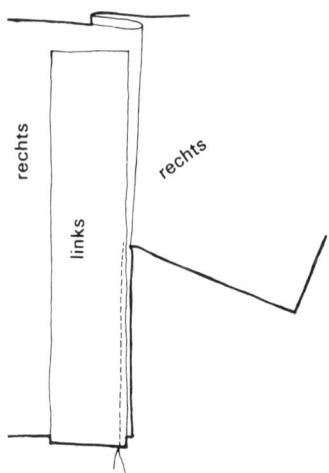

Den Streifen legen Sie rechts am einen Rand an und steppen bis zum unteren Ende des Einschnitts.
Die Maschinennadel bleibt im Stoff stecken. Heben Sie das Füßchen.

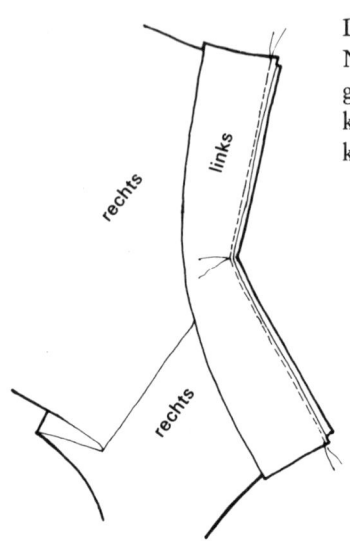

Drehen Sie die Arbeit so um die Nadel, daß der Streifen an der gegenüberliegenden Seite ebenso knappkantig angesteppt werden kann.

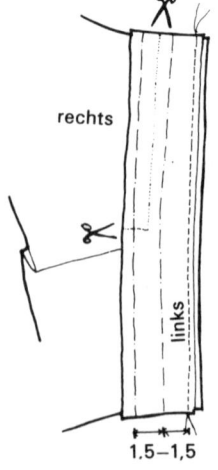

Zeichnen Sie jetzt die Schlitzbreite an.

Den äußeren Nahtrand legen Sie ca. 1 cm nach innen um.

Der Besatzstreifen wird nun auf halbe Breite eingeschlagen.

Schneiden Sie am Halsausschnitt den überstehenden Stoff weg.

Die Nähte streifen Sie auseinander und legen den Besatz auf die Innenseite um.

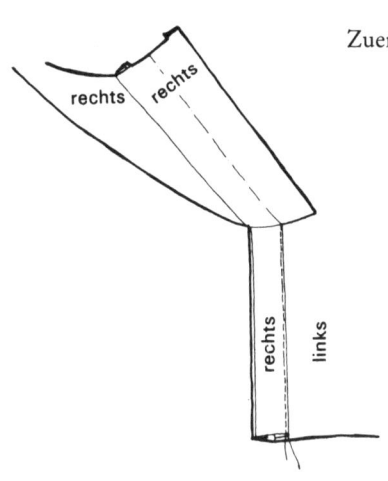

Zuerst steppen Sie den Übertritt.

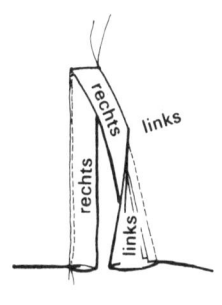

Der Untertritt wird genauso der Länge nach in der Mitte gefaltet und auf die Naht gesteppt. Am Schlitzende steppen Sie einmal waagrecht über die Blenden.

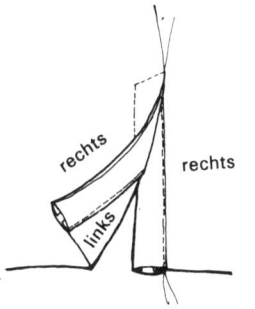

Der Schlitz ist fertig.

Einfacher Schlitz für Halsausschnitt und Ärmel

A. Schlitz fadengerade anzeichnen und aufschneiden.

B. Untertritt schmal säumen. Etwa 1 cm darunter Fältchen berechnen und mit Stecknadel anzeichnen.

C. Der Übertritt wird so umgenäht, daß er mit dem Fältchen den Untertritt abdeckt.

D. Am Schlitzende wird jetzt eine Verstärkung in Form eines Drei- oder Vierecks gesteppt.

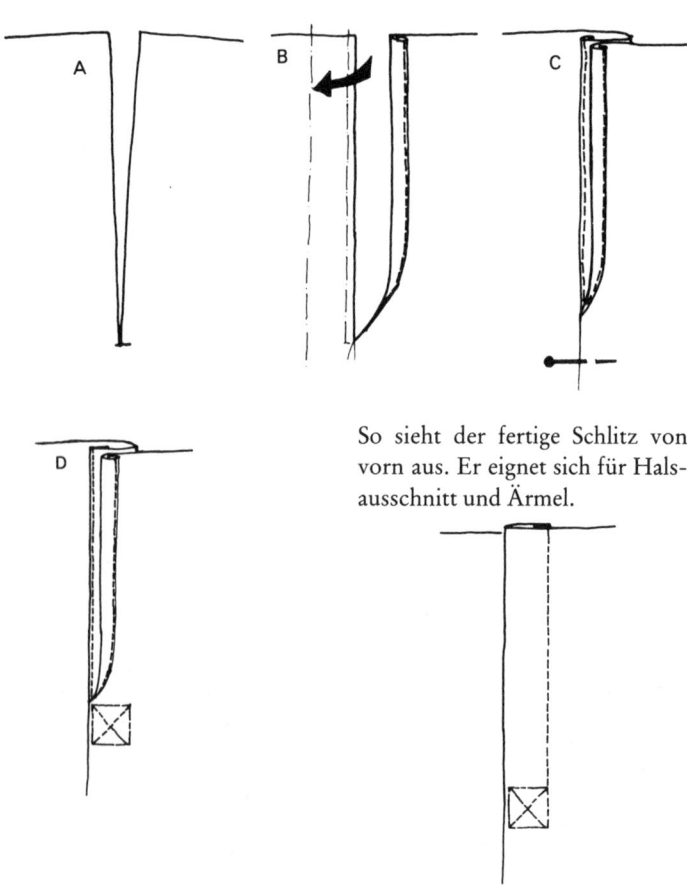

So sieht der fertige Schlitz von vorn aus. Er eignet sich für Halsausschnitt und Ärmel.

Der Reißverschluß

Am besten gelingt das Einnähen des Reißverschlusses mit der Hand.

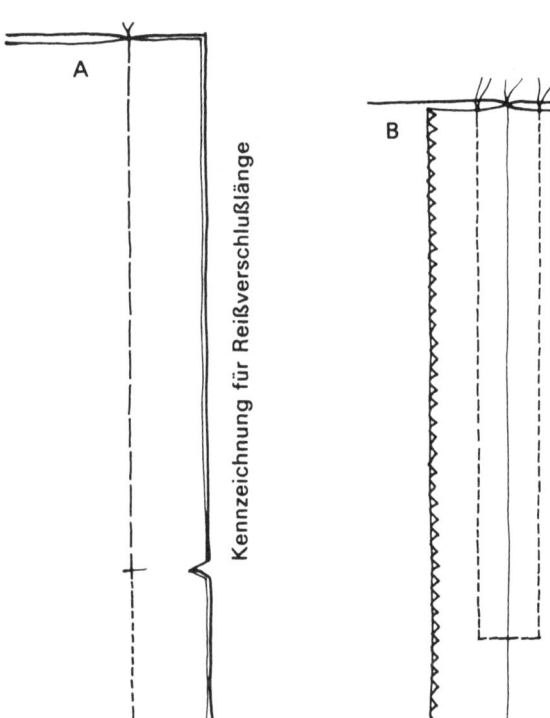

A. Wenn Sie mit der Maschine nähen, steppen Sie den Schlitz mit der größten Stichlänge zu.

B. Die Naht wird auseinandergebügelt. Die Nahtränder schneiden Sie vor dem Versäubern glatt. Der Schlitz wird in ca. 0,5 cm Abstand von der Naht mit Zierstepp eingefaßt. Jetzt trennen Sie den Schlitz auf.

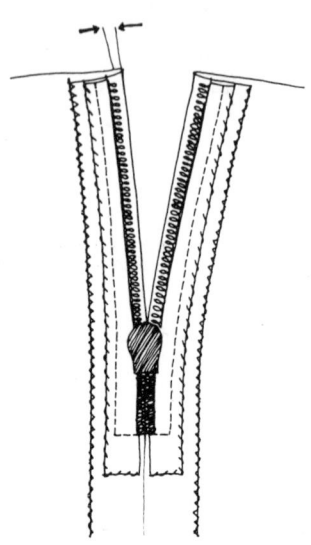
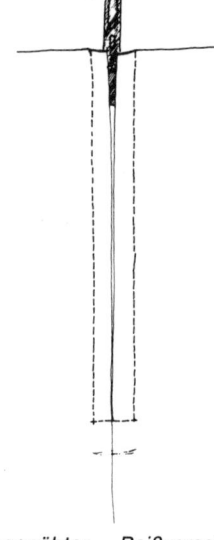

Öffnen Sie den Reißverschluß, bevor Sie ihn einheften. Die Zähnchen müssen 1–2 mm von den Schlitzrändern überdeckt sein. Den Reißverschluß nähen Sie von rechts mit kleinen Stichen auf die Steppstiche. Die Stoffränder des Reißverschlusses werden mit den Nahträndern versäubert.

Eingenähter Reißverschluß. Die Schlitzkanten müssen sich etwas gegeneinander »aufstellen«, damit der Zipp unsichtbar bleibt. Ein mit der Hand eingenähter Reißverschluß läßt sich leichter auswechseln, wenn er kaputtgeht.

Knopflöcher und andere Verschlüsse

Das Knopfloch: Knopflöcher können Sie senkrecht oder auch waagrecht stellen. Bei waagrechten Knopflöchern sitzt der Knopf – je nach Größe – 0,5–1 cm vom äußeren Rand; das Knopfloch wird, von der Knopfmitte ausgehend, von außen nach innen eingeschnitten. Senkrechte Knopflöcher, bei denen der Knopf in der Mitte sitzt, verlaufen auf der Mittellinie.

Knopflöcher erfordern immer die doppelte Stofflage.

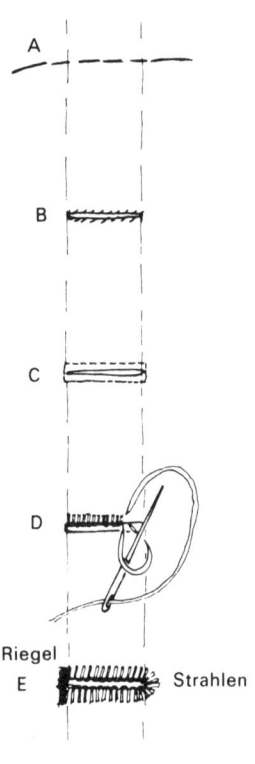

A. Knopflöcher mit Heftfaden, Kreide oder Stecknadeln anzeichnen. Aufschneiden.

B. Das Knopfloch entweder von Hand mit kleinen überwendlichen Stichen umschlingen oder

C. mit der Maschine rundherum schmalkantig absteppen.

D. Das Knopfloch mit Knopflochstichen einschürzen.

E. An der äußeren Seite wird das Knopfloch mit »Strahlen«, an der Innenseite mit einem geschlungenen Riegel versehen.

Der Riegel: Ein Riegel sieht hübsch aus und verstärkt z.B. einen Schlitz am Ende sehr gut.

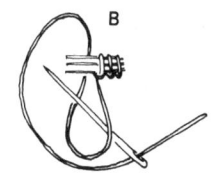

A. 3–5 gleich lange Stiche dicht nebeneinander legen.

B. Diese Fäden fest umschlingen.

31

Der Schlingenverschluß: An der fertig gearbeiteten Kante Sitz und Länge anzeichnen.

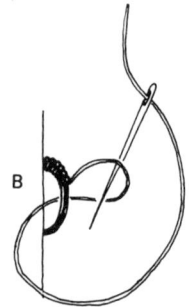

A. An der Kante einige Fäden flach spannen. Vorsicht: Der Knopf muß durchpassen!

B. Die Fäden mit Knopflochstichen gut umfangen.

Oben: Raglan-Shirt und Unterhose aus Stretch-Frottee gearbeitet (Beschreibung Seite 50 f.).
Die Wäschegarnitur für das Puppenmädchen ist aus weißem Trikot. Als Ausgangsmaterial dient ein abgelegtes Unterhemd. Das Höschen besteht aus nur einem Stück. Da sich der Halsausschnitt leicht dehnt, wurde er mit einer Kettenstichbordüre eingehalten (Beschreibung Seite 52 f.).

Unten links: Das Hemd in der obigen Abbildung rechts ist hier nach demselben Schnittmuster in blauem Trikot entstanden. Hals-, Arm- und Beinausschnitte wurden mit geraden Besatzstreifen aus gleichem Material eingefaßt.

Unten rechts: Zu Urgroßmutters Zeiten nannte man sie verschämt »Die Unaussprechlichen«! Für unsere Puppe nähen Sie das raffinierte Unterhöschen aus weichem Batist und schließen unten mit einer Spitze ab. Zum Sporttreiben bekommt die junge Dame nach demselben Schnitt Turnhose und Shorts (Beschreibung Seite 54 f.).

Haken und Ösen: Ton in Ton oder auch in abstechender Farbe mit Knopflochstich befestigte Haken und Ösen sind ein sehr dekorativer Verschluß.

Oben links: Wir sind so müde! Die kleine Puppe hat zum Schlafengehen ihren mit gelben Blümchen bedruckten weißen Pyjama angezogen (Beschreibung Seite 56 ff.). Die große Puppe ist stolz auf ihr Hauskleid aus Baumwollflanell (Beschreibung Seite 58 f.).

Oben rechts: Diese beiden wollen noch nicht ins Bett! Die größere Puppe fühlt sich in ihrem recht traditionellen Pyjama sehr wohl (Beschreibung Seite 60 f.). Das Puppenmädchen mit der Haarschleife will das weiße Nachthemd mit Volant und Zackenlitze noch ein bißchen vorzeigen (Beschreibung Seite 62 f.).

Unten links: Morgenrock aus Velours. Das Modell hat Raglanärmel und ist ringsherum mit einem Streifen aus dem selben Material besetzt (Beschreibung Seite 63 ff.).

Unten rechts: Die hier gezeigte Tracht kommt aus der Gegend von Rättvik im schwedischen Dalarna. Sie unterscheidet sich nicht allzusehr von unseren alpenländischen Trachten, die aus den volkskundlich gebräuchlichen Stoffen, vielleicht etwas abgewandelt, nach diesem Schnitt gearbeitet werden können (Beschreibung Seite 85 ff.).

Schnürlöcher:

A. Mit dem Pfriem oder einem anderen spitzen Gegenstand (Bleistift) ein Loch in die Knopflochleiste stechen.

B. Das Loch dicht umschlingen und danach mit Knopflochstichen einschürzen. Nach Fertigstellung noch einmal von hinten nach vorn durchstechen; die Handarbeit etwas drehen, damit das Loch schön rund wird.

C. Umschlungenes Schnürloch.

D. Mit Knopflochstichen eingeschürztes Schnürloch.

Genähter Knopf: Sie umwickeln einen Stift oder auch Ihren kleinen Finger mehrmals mit Faden.

Dieser Fadenring wird mit einem Tropfen Textilkleber fixiert.

Mit Knopflochstichen wird der Fadenring umfangen.

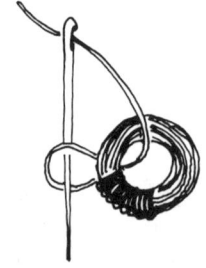

Als Vorbereitung für die Spinne umwickeln sie den Knopf kreuz und quer mit Faden.

Spinne: Die »Beine« der Spinne werden spiralförmig mit Rückstichen zusammengehalten, bis der Knopf genügend Festigkeit hat.

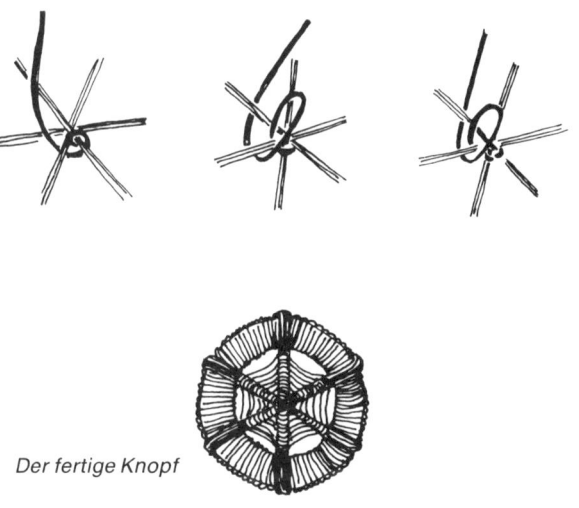

Der fertige Knopf

Fältchen

Fältchen und Smok sind zwei Varianten gefältelter Partien. Fältchen heißen die eng gezogenen Partien, die vor allem bei Trachten die Weite an Bündchen, Halsausschnitten und Röcken einhalten. Auch eine Dirndlschürze wird »gezogen«.

Auf der Rückseite des Stoffes zeichnen Sie am besten mit einem weichen Bleistift gleichmäßige Felder (Kästchen). Bei manchen Stoffen kann man die Linien mit der Nadel ritzen oder eventuell einen Gewebefaden ausziehen. Je dünner der Stoff, desto kleiner müssen die Abstände sein.

Bei normalem Leinenstoff (Webe) wählt man einen Abstand von 0,4–0,5 cm.

Farblich passenden Faden von guter Qualität verwenden (evtl. doppelt nehmen!), mit einem Knoten sichern. Eingestochen wird mit Vorstich abwechselnd zwischen und auf den senkrechten Linien. Die Anzahl der Reihnähte richtet sich nach der Höhe der Fältchenpartie.

Nach dem Einreihen ziehen Sie die Fältchen so zusammen, daß sie gleichmäßig nebeneinander stehen.

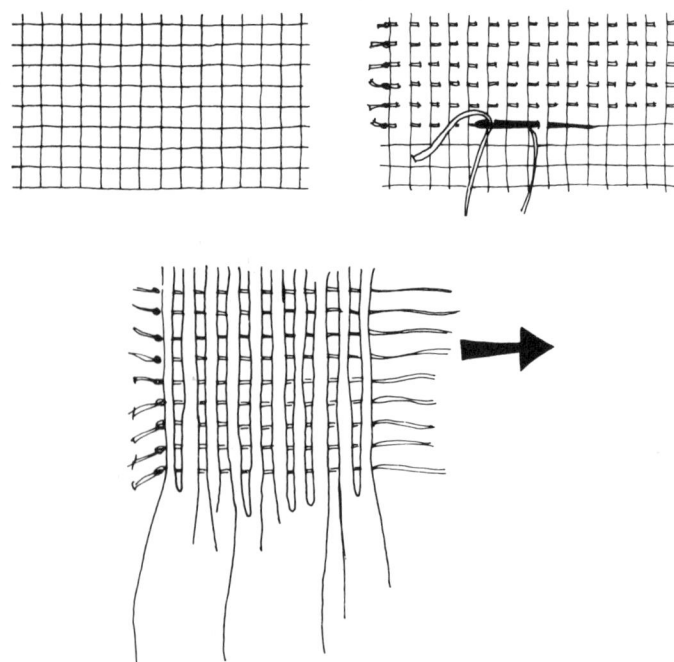

Die einzelnen Reihfäden werden auf der Rückseite mit Rückstich befestigt. Zierstiche außen sehen auch sehr hübsch aus.

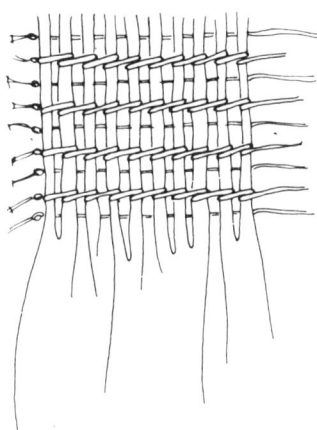

Am Ärmelbündchen wird der Stoff am Abschluß zur Verstärkung gern über der Fältchenpartie einrolliert.

Von rechts nähen Sie das Röllchen mit der Hand an.

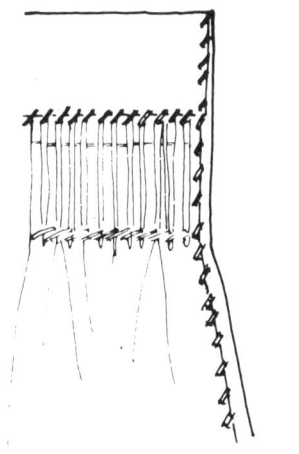
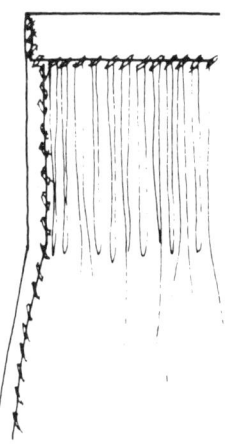

Smok

Die drei ersten Arbeitsgänge sind genauso wie bei den Fältchen.

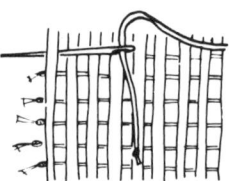

Genäht wird auf der rechten Seite von links nach rechts. Befestigen Sie den Faden gut.

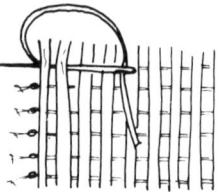

Zwei Fältchen zusammennähen.

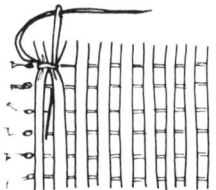

Nadel auf der Rückseite durch das Fältchen zur nächsten Reihe führen.

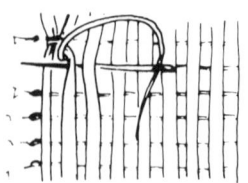

Zwei Fältchen zusammennähen.

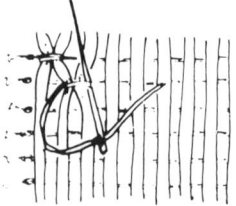

Nadel wieder durch das rechtsliegende Fältchen zurück nach oben führen. Die beiden nächsten Fältchen zusammennähen.

Machen Sie so weiter, bis die gesmokte Partie die gewünschte Breite hat.

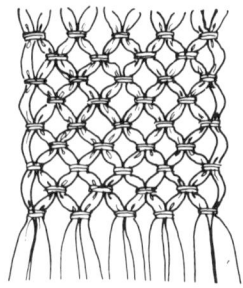

Verschiedene Stiche

Vorstich: Der Stich wird zum Heften, zum Anzeichnen und zur Verzierung verwendet. Sehr kurze Vorstiche in dichter Folge können als Zierstich gelten.

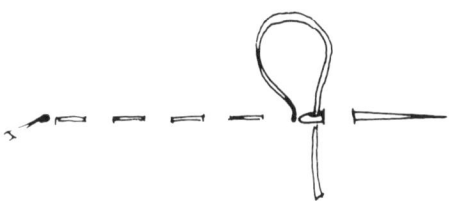

Rückstich: Der Stich ist für Handnähte und beim Sticken verwendbar.

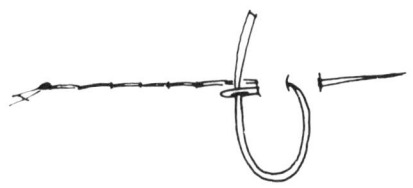

Stielstich: Der Stich kann nach rechts oder nach links gelegt werden. Auch eine Kombination von rechts- und linksgelegten Stichen ist möglich.

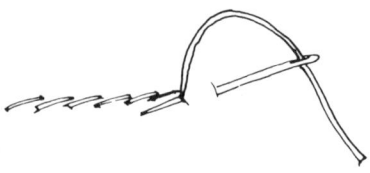

Kreuzstich: Der Stich wird meistens für Zählmuster und alte volkskundliche Muster verwendet. Die Stiche müssen immer dieselbe Richtung haben. Auf der Rückseite der Arbeit stehen sie senkrecht.

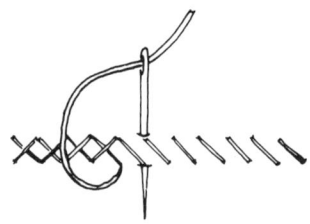

Kettenstich: Auf der Vorderseite sehen die Stiche genauso aus wie beim Tamburieren. Der Unterschied zwischen den beiden Arbeiten ist, daß Kettenstich gestickt, Tamburierarbeit aber gehäkelt wird. Als Verzierung sehen mehrere bunte Zöpfchenreihen aus Kettenstichen nebeneinander sehr hübsch aus.

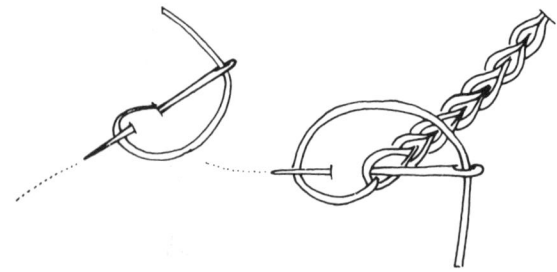

Flechtstich:

Durchgezogener Flechtstich

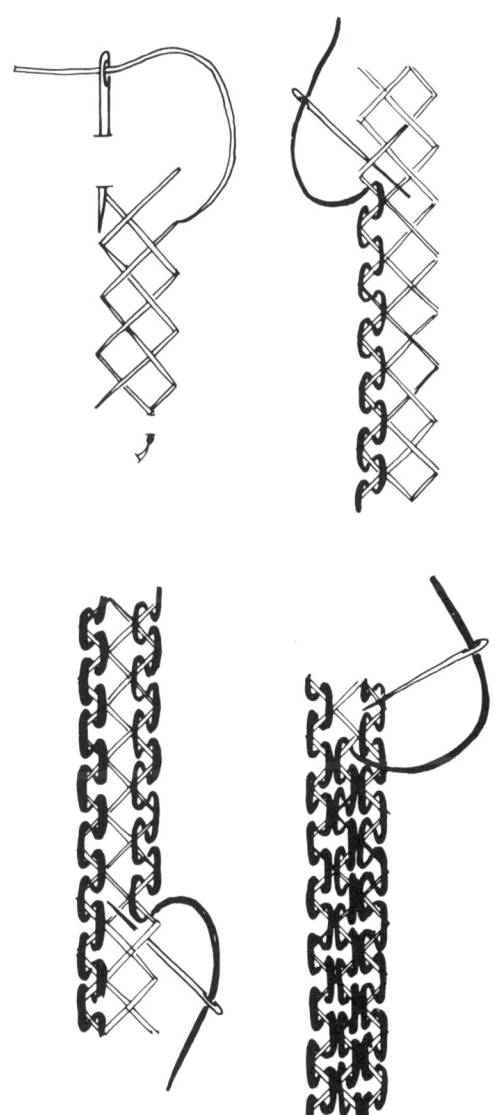

Genähte Spitze: Technik: Langettenstich.

1. Das untere Ende des Schlitzes umfangen Sie mit Langettenstich.
2. Eine zweite Langette wird auf Lücke darübergenäht.
3. Das geht Reihe für Reihe so weiter, bis die Langetten sich in der Mitte treffen. Achterschlingen verbinden die beiden Seiten.

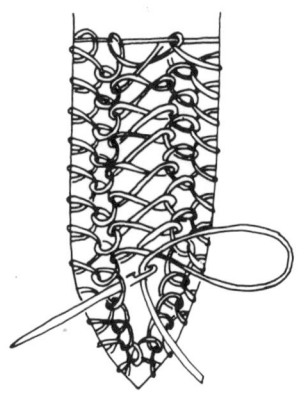

Die Langette ist als Abschluß an nicht gesäumten Rändern und auch für Knopflöcher verwendbar.

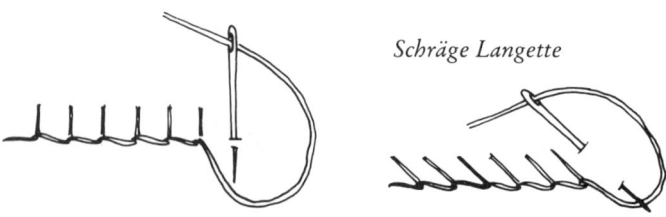

Schräge Langette

Praktisches Schneiderwerkzeug

Schneidern und Schnittzeichnen muß Spaß machen. Für ein zufriedenstellendes Ergebnis brauchen Sie auch gutes Werkzeug. Wichtig ist ein nicht zu kleiner Arbeitstisch in der richtigen Höhe. Auch ohne gute Beleuchtung geht es nicht.

Zum Schnittzeichnen benötigen Sie Bleistift, Bleistiftspitzer, Radiergummi, Lineal, Winkelmaß, Metermaß, Schnittzeichenpapier, Papiervlies, Klebeband.

Nähen Sie möglichst auf einer Zickzack-Nähmaschine. Unentbehrlich sind beim Schneidern gute, spitze rostfreie Stecknadeln, Nähnadeln verschiedener Größe, Schneiderkreide, Tafelkreide, Schneiderrädchen und Pauspapier, Fingerhut oder Nähring, Faden verschiedenster Art (Nähseide in den passenden Farben – Heftgarn – Knopflochseide – eventuell Maschinenzwirn), ein Maßband (Zentimeter), das an den Rändern nicht ausgefranst ist und bei dem nicht am einen Ende ein paar Zentimeter fehlen. Ein Pfriem wird auch manchmal gebraucht.

Zum Bügeln verwenden Sie ein Thermostat-Bügeleisen, feuchte Tücher (oder ein Dampfbügeleisen) und das Bügel- oder Ärmelbrett.

Maßtabelle

Länge der Puppe		30 cm	37 cm	44 cm	51 cm
	Rücken	6	8	10	12
Länge	Kleid	13	18	23	28
	Morgenrock	18	24	30	36
Oberweite		21	26	31	36
Hüftweite		24	29	34	39
Schulterbreite		4	4,5	5	5,5
Ärmellänge		8	11,5	15	18,5
	Oberarm	9	11	13	15
Weite	Handgelenk	6	8	10	12
	Hals	13	16	19	22
Hosenlänge	außen	15	19	23	27
	innen	9	12	15	18
Hosenweite	Oberschenkel	14	16	18	20
	Knie	12	14	16	18

Messen Sie sehr sorgfältig nach, ob die Größe der zu kleidenden Puppe annähernd mit den in der Tabelle angegebenen Maßen und Ihrer angefertigten Schnittvergrößerung übereinstimmt.

Die Tabellenmaße wurden eng am Körper der Puppen gemessen. Nach den vorliegenden Schnittmustern entstehen für die Puppen bequeme Kleidungsstücke, da eine entsprechende Weite berücksichtigt wurde. Ob die Maße der Puppe nach oben oder unten etwas abweichen, spielt keine Rolle, da durch etwas breitere oder schmalere Nähte und Säume alles leicht auszugleichen ist.

Schneiden Sie das Kleidchen zunächst aus Vlies oder einem alten Stoff zu und heften Sie es zusammen. So ist eine Anprobe ohne Risiko möglich. Kleine Änderungen können vorgenommen und auf den Schnitt übertragen werden.

Auflegen des Schnittmusters

Nach folgendem Schema werden die Schnitteile aufgelegt.
Die bezeichnete »vordere« und »hintere Mitte« (vM, hM) wird an den *Stoffbruch* angelegt.

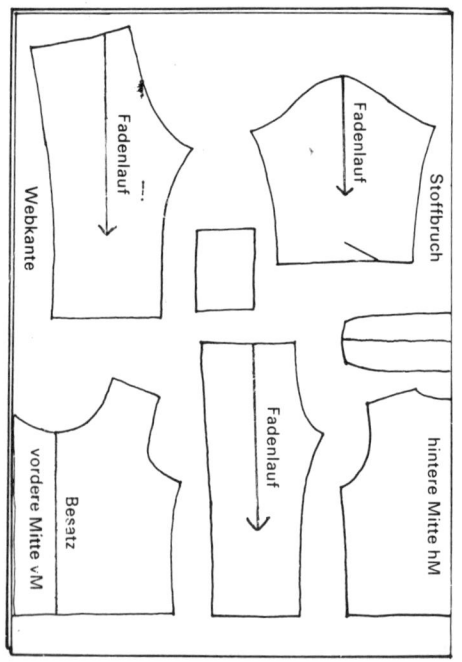

Knopfleisten mit Besatz legen Sie an der *Webkante* an. *Fadenlauf* heißt, daß der Schnitt in Pfeilrichtung fadengerade auf den Stoff gelegt wird.

Manche Schnittmusterteile müssen einmal, andere zwei- oder mehrfach zugeschnitten werden. In den Modellbeschreibungen lesen Sie für »1 Teil« = 1x, für »2 Teile« = 2x.

Nähen Sie in dieser Reihenfolge

Jede Einheit des Kleidungsstückes so weit wie möglich fertigzustellen, ehe man es mit dem nächsten Teil verbindet, ist die einfachste und erfolgreichste Art, Puppenkleider zu nähen.

Jacke – Hemd – Kleid:
Besatz an der Bruchlinie nach innen bügeln.
Vorderteil mit Taschen:
Den oberen Taschenrand säumen oder einfassen. Nahtzugaben seitlich und unten nach hinten umlegen.

Taschen auf die Vorderteile steppen. Haben Vorderteil oder Rücken einen Schlitz, wird dieser vorher fertiggestellt.

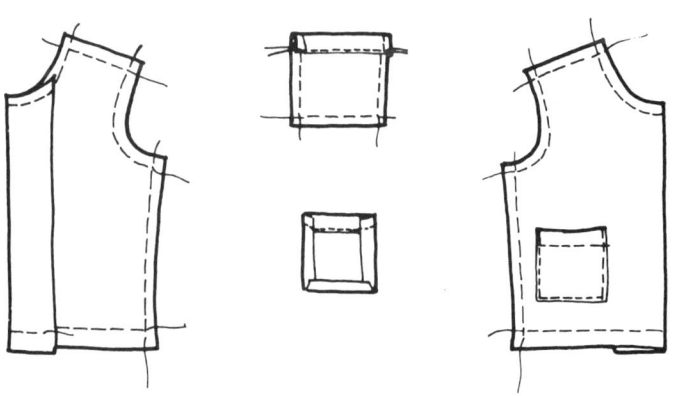

Schulternähte schließen.

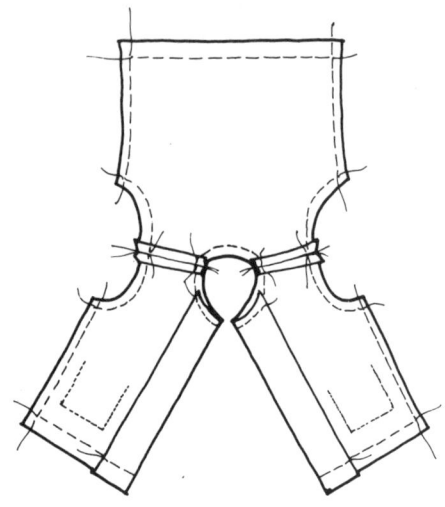

Kragen nähen und wenden.

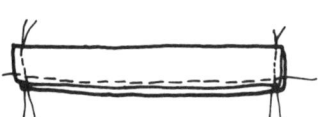

Kragen, Bündchen, Leiste oder ähnliches in den Halsausschnitt nähen.

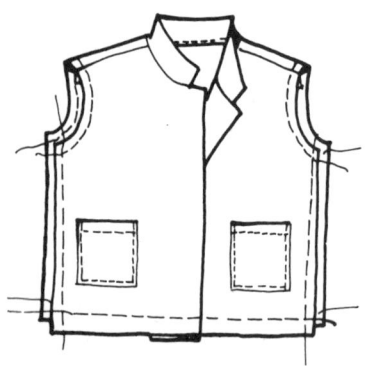

Ärmel in das Oberteil einsetzen. Ärmel unten je nach Modell mit einem Saum, Gummizug, Bündchen, Schlitz usw. abschließen.

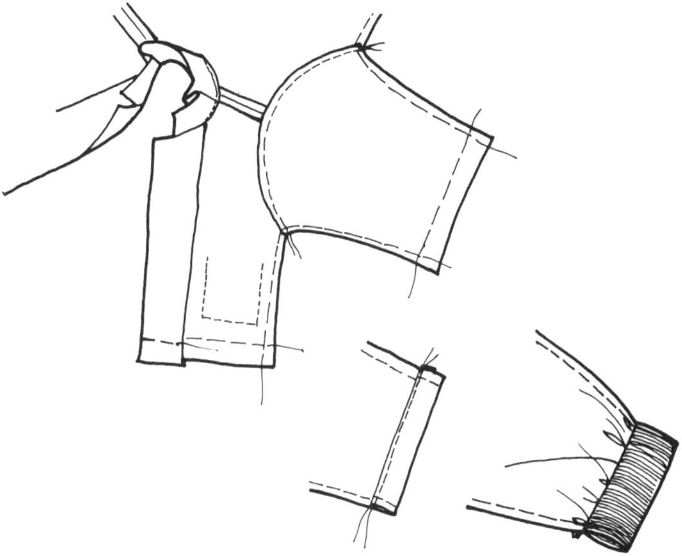

Ärmel- und Seitennaht in einem nähen. Unten mit Saum, Gummizug, Bund usw. abschließen.
Die hintere oder vordere Knopfleiste mit Knopflöchern und Knöpfen versehen.

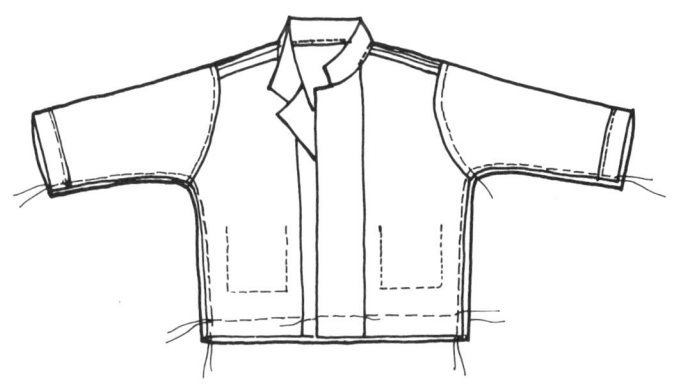

Hose: Außennaht an beiden Hosenbeinen schließen.

Hosenbeine unten mit Saum, Gummizug, Bündchen usw. abschließen.

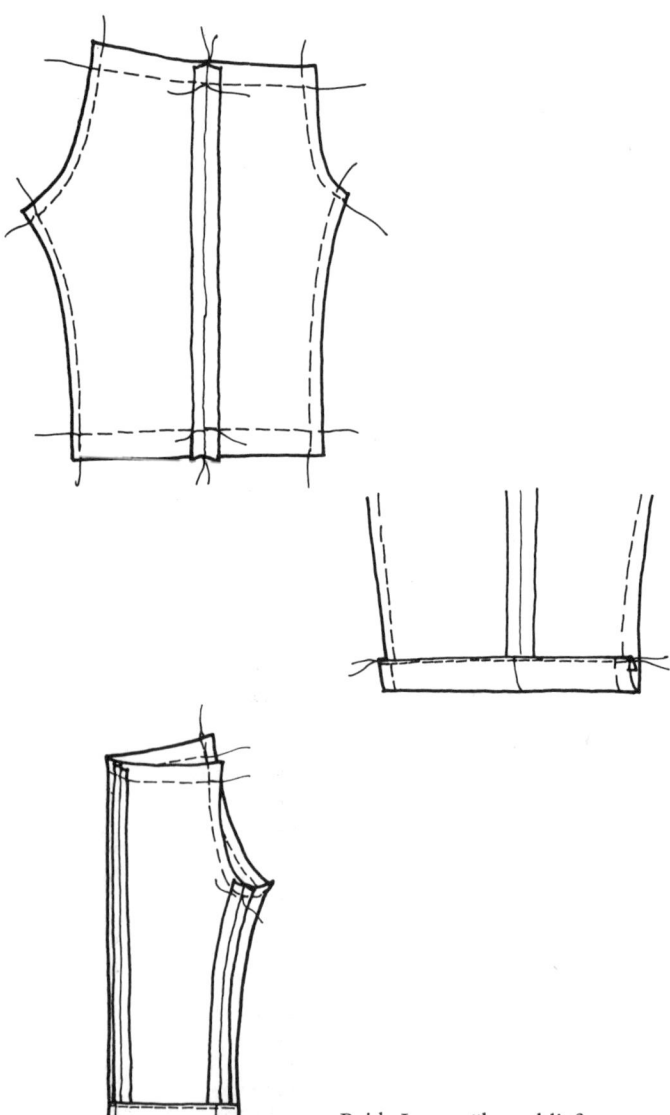

Beide Innennähte schließen.

Beide Hosenbeine im Schritt mit Kreuznaht zusammennähen. Das ist ganz einfach, wenn ein Hosenbein nach rechts umgedreht und in das andere gesteckt wird.

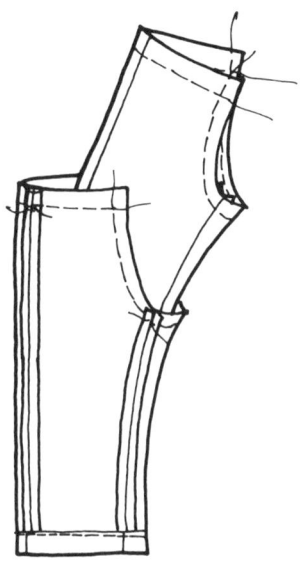

Der Saum am Bund muß breit genug für einen Gummizug sein. Vergessen Sie die Öffnung zum Einziehen des Gummis nicht! Gummi am Bauch der Puppe abmessen; einziehen. Öffnung mit der Hand zunähen.

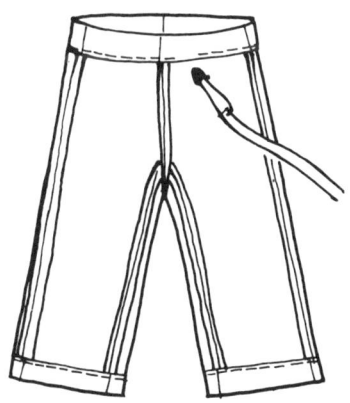

Unterwäsche

Unterhemd mit Raglanärmeln (T-Shirt) und passendes Höschen

(Farbabb. gegenüber Seite 32, oben, linkes Modell)

Material: Am besten eignet sich Trikot.
Zubehör: Gummiband und eventuell Bändchen zum Einfassen.

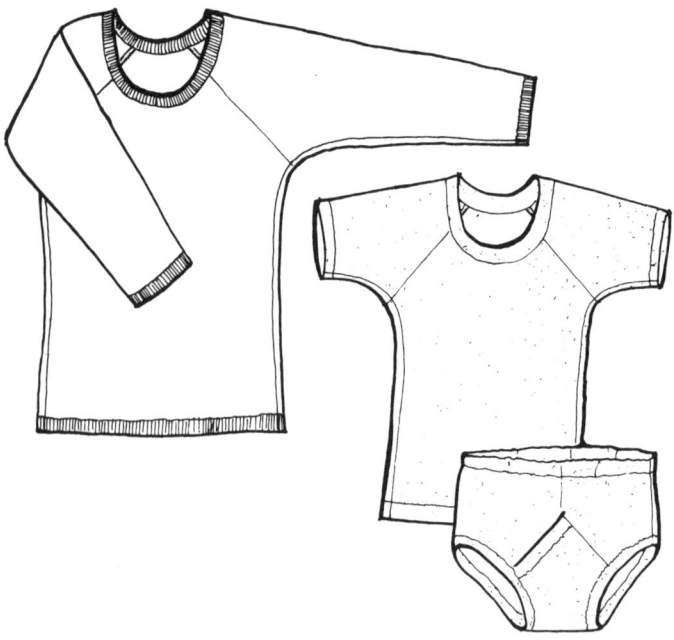

Unterhemd (T-Shirt) und Höschen

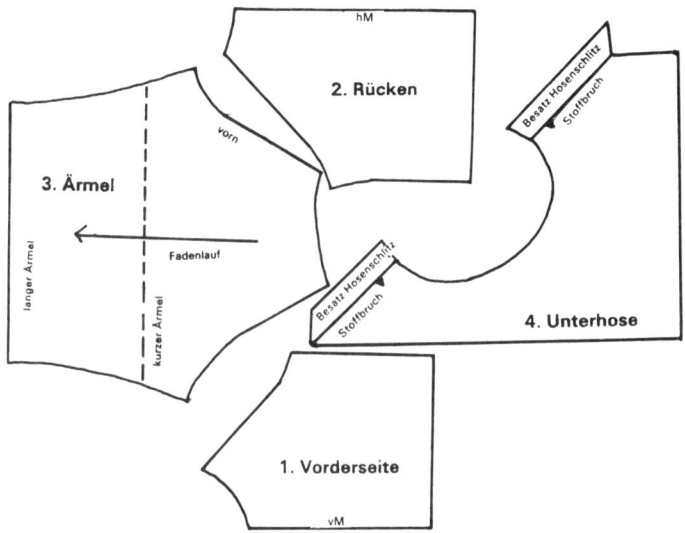

Schnitt: 1. Vorderteil, 1× (vM am Stoffbruch). **2.** Rücken, 1x (hM am Stoffbruch). **3.** Ärmel, kurz oder lang, 2x. **4.** Höschen, **1×** (Mittellinie am Stoffbruch).

So wird genäht:

T-Shirt: 1. Ärmel bis auf eine Raglannaht ans Leibchen nähen. **2.** Runden Halsausschnitt mit einem doppelten Trikotstreifen einfassen (Streifen etwas dehnen!) **3.** Die 4. Raglannaht schließen. **4.** Ärmel unten säumen oder mit doppeltem Trikotstreifen (dehnen!) abschließen. **5.** Ärmel-Seitennähte schließen. **6.** Hemd unten säumen.

Höschen: 1. Den Besatz am Hosenschlitz in der Bruchlinie nach hinten legen. **2.** Die entsprechenden Nähte schließen. **3.** Schlitzöffnung heften oder stecken. **4.** Vordere Mittelnaht schließen. **5.** Die Hosenbeine entweder säumen oder mit gedehntem, doppelt breitem Trikotstreifen einfassen. **6.** Gummiband am Bauch der Puppe abmessen und zum Ring zusammennähen. **7.** Oberen Saum über dem zusammengenähten Gummi umlegen. **8.** Saum steppen.

Wäschegarnitur

(Farbabb. gegenüber Seite 32, oben, rechtes Modell und unten links sowie Titelfoto, rechtes Modell)

Material: Am besten eignet sich Trikot.
Zubehör: Gummiband und eventuell Bändchen zum Einfassen.
Schnitt: 1. Vorderteil, 1× (vM am Stoffbruch). **2.** Rücken, 1x (hM = Stoffbruch); **3.** Höschen, 1× (Mittellinie = Stoffbruch).

Wäschegarnitur (Hemd und Höschen)

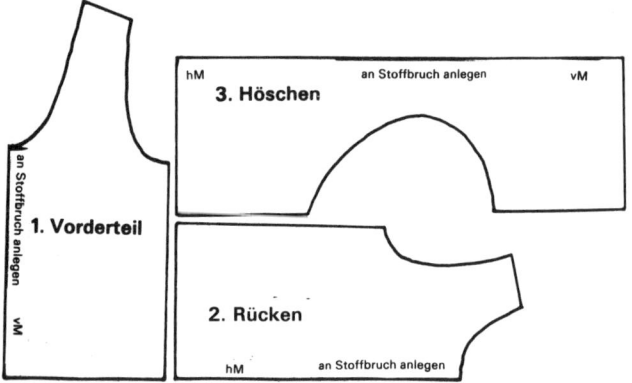

So wird genäht:

Hemd: 1. Schulternähte schließen. **2.** Hals- und Ärmelausschnitte säumen oder einfassen. Entweder a) die Nahtzugabe nach hinten legen und mit Zickzack- oder einem andern Zierstich säumen. Hübsch sieht es aus, wenn ein Faden in abweichender Farbe verwendet wird. Oder b) mit einem doppelten Trikotstreifen, eventuell in Kontrastfarbe, einfassen. **3.** Seitennähte schließen. **4.** Hemd unten säumen. – Sollten sich Hals- und Armausschnitte sehr dehnen, kann eine Reihe Kettenstich mit z.B. drei Fäden Moulinégarn Abhilfe schaffen.

Höschen: 1. Beine säumen oder einfassen. **2.** Eine Seitennaht schließen. **3.** Bund säumen. **4.** Gummiband am Bauch der Puppe abmessen. – Gummiband in den Durchzug einziehen. **5.** Die zweite Seitennaht schließen und Gummiband gleich mit zusammennähen.

*Besonderen Pfiff gibt ein Blüm-
chen aus Kettenstichen am Halsausschnitt.*

Unterrock aus Stickereistoff

(Farbabb. siehe Titelfoto, rechtes Modell)

Material: Gut eignen sich Stickereistoff, mit Spitze oder Zierband
eingefaßter Batist.
Zubehör: Gummiband.

Puppengröße	30 cm	37 cm	44 cm	51 cm
Bauchumfang	20	25	30	35 cm
Rocklänge	10	13	16	19 cm
Zuzuschneiden ist ein Streifen aus dem verwendeten Material				
Länge ca.	40	50	60	70 cm
Breite	10	13	16	19 cm

So wird genäht:

1. Stickerei kreisförmig schließen. **2.** Oben ca. 1–1,5 cm breit säumen. Eine Öffnung zum Einziehen des Gummibandes lassen.
3. Gummi am Bauch der Puppe abmessen. **4.** Gummi in den
Saum ziehen und zusammennähen. **5.** Öffnung im Saum schließen.

Knielanges Spitzenunterhöschen

(Farbabb. gegenüber Seite 32, unten rechts)

Material: Gut eignen sich Batist und Stickerei oder Spitze.
Zubehör: Gummiband.

Schnitt: 1. Vorderhose, 2×. **2.** Hinterhose, 2×.

So wird genäht:

1. Seitennähte an den Hosenbeinen schließen. **2.** Unteren Rand mit Spitze verzieren. Dabei entsteht ein ausreichend breiter Durchzug für das Gummiband. **3.** Gummi an beiden Beinen einziehen. Er muß eng genug sein, damit er der Puppe nicht über die Waden rutscht. **4.** Innennähte schließen und den Beingummi dabei mitfassen. **5.** Kreuznaht schließen. Am einfachsten ist es, ein Hosenbein umzustülpen und in das andere zu stecken. **6.** Gummi am Bauch der Puppe abmessen. Gummi zum Ring schließen. **7.** Oberen Saum breit umlegen. **8.** Gummi einlegen und den Saum steppen.

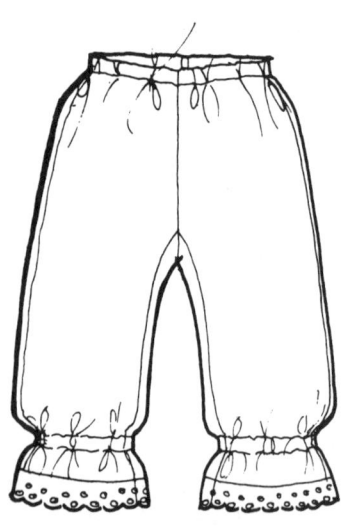

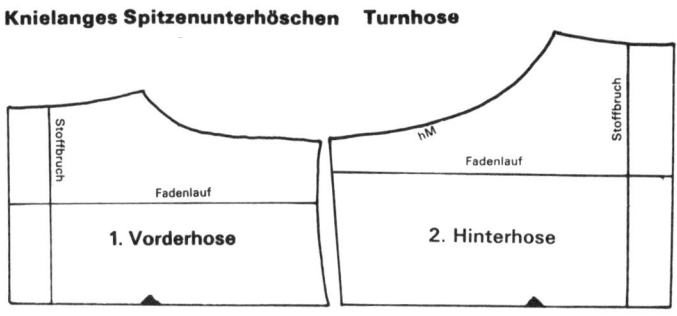

Turnhose oder Shorts

Material: Gut eignen sich Leinen- und bunte Baumwollstoffe.
Zubehör: Gummiband.

Schnitt: 1. Vorderhose, 2×. **2.** Hinterhose, 2×

So wird genäht:

1. Beide Hosenbeine durch Seitennähte schließen. **2.** Innennähte der Beinlänge schließen. **3.** Beide Teile durch Kreuznaht verbinden. (Ein Hosenbein umdrehen und in das andere stecken!) **4.** Einziehgummi am Bauch der Puppe messen und zu einem Ring zusammennähen. **5.** Oberen Saum umlegen. **6.** Gummiring einlegen und Saum steppen.

Nachtwäsche und Morgenröcke

Bedruckter Trikotpyjama

(Farbabb. gegenüber Seite 33, oben links, rechtes Modell)

Material: Gut eignen sich Trikot oder Stretch.
Zubehör: Gummiband, ein Stückchen Plastik, Textilfarbe. Für den Halsausschnitt und die Bündchen an Ärmeln und Hosenbeinen brauchen Sie aus dem gleichen Stoff zugeschnittene Streifen von ca. 2,5 cm Breite.

Schnitt: 1. Vorderteil, 1× (vM = Stoffbruch). **2.** Rücken, 1× (hM = Stoffbruch). **3.** Ärmel, 2×. **4.** Vorderhose, 2× **5.** Hinterhose, 2×.

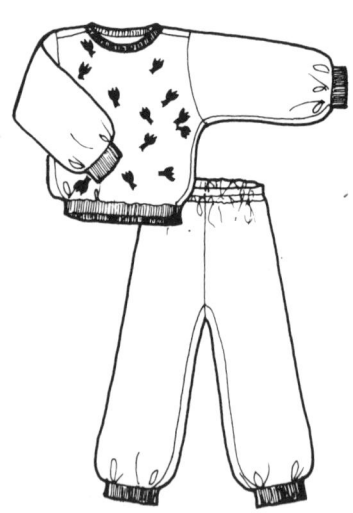

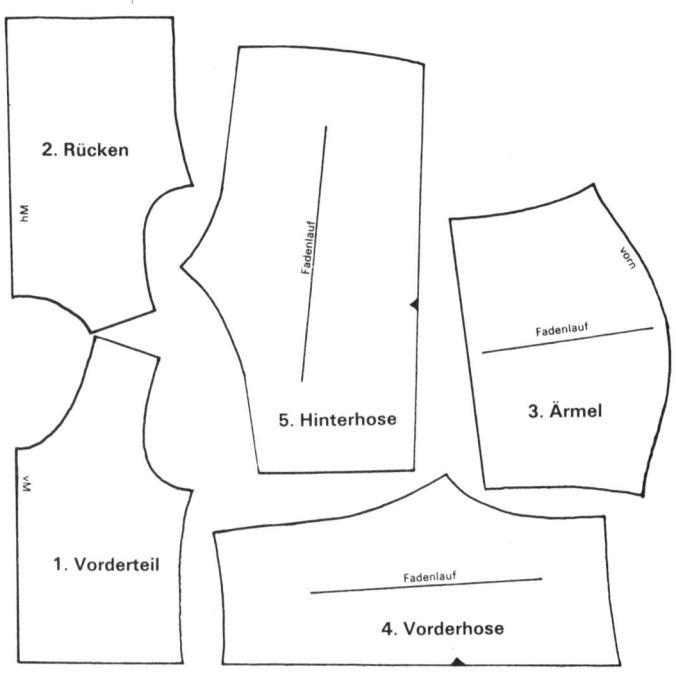

So wird's gemacht:

Oberteil: Nach dem Zuschneiden der Teile wird das Jackenvorderteil bedruckt. Die (links) abgebildete Blume schneiden Sie aus einem Stück festeren Plastiks (starker Plastikbeutel) aus. Mit einer Rasierklinge geht das recht gut. Sie können auch ein kleines Skalpell oder ein Hobbymesser nehmen.

Für den Stoffdruck brauchen Sie Textilfarbe und gehen nach Gebrauchsanweisung vor.

Nun geht's ans Nähen:

1. Eine Schulternaht schließen. **2.** Halsausschnitt mit doppeltem gedehntem Trikotstreifen einfassen. **3.** Die andere Schulter zusammennähen. **4.** Jackenärmel einnähen. **5.** Ärmel unten mit gedehntem doppeltem Trikotstreifen einfassen. **6.** Eine Ärmel-Seitennaht schließen. **7.** Den unteren Rand mit gedehntem doppeltem Trikotstreifen einfassen. **8.** Die andere Ärmel-Seitennaht schließen.

Hose: 1. Beide Außennähte schließen. **2.** Die Hosenbeine unten mit gedehntem doppeltem Trikotstreifen fassen. **3.** Innere Hosennähte schließen. **4.** Beide Teile mit Kreuznaht verbinden. (Ein Bein rechts drehen und in das andere stecken!) **5.** Gummiband am Bauch der Puppe abmessen und zum Ring schließen. **6.** Oberen Saum über das Gummiband schlagen und steppen.

Hauskleid aus Flanell

(Farbabb. gegenüber Seite 33, oben links, linkes Modell)

Material: Gut eignen sich gewebte Stoffe wie Flanell, Barchent (linksseitig gerauhter Baumwollstoff) oder ein leichter Waschsamt (Manchester).
Zubehör: Schrägband, Knöpfe, Gummiband.

Schnitt: 1. Vordere Passe, 1× (vM = Stoffbruch). **2.** Rückenpasse, 2× **3.** Ärmel, 2×. **4.** Kragen, 4×. **5.** Vorderrock, 1× (vM = Stoffbruch). **6.** Hinterrock, 2×.
Achtung! Beim Zuschneiden des Rockes werden 5–8 cm für Saum und Naht zugegeben!

Hauskleid aus Flanell

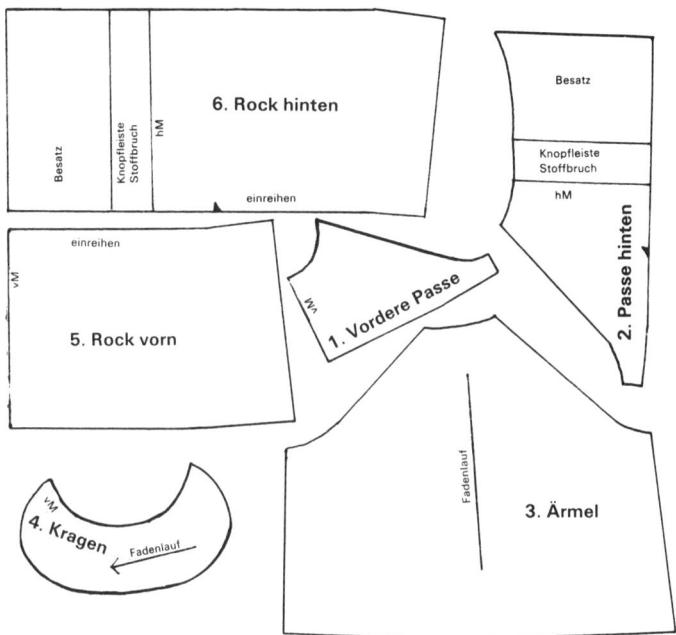

Nun geht's ans Nähen:

1. Raglanärmel vorn und hinten mit der Passe verbinden. **2.** Belag im Rücken an den Bruchlinien nach innen bügeln. **3.** Ärmel säumen. **4.** Am Handgelenk Gummiband einziehen. **5.** Ärmel-Seitennähte schließen und den Gummizug mitnähen. **6.** Rockteile zusammennähen. **7.** Den Rock oben, wie angegeben, zweimal einreihen. **8.** Fäden so ziehen, daß Sattel und Rockweite übereinstimmen. Die Fältchen gleichmäßig verteilen. **9.** Den Sattel unten zur Verzierung eventuell mit Schrägband einfassen. **10.** Sattel und Rock verbinden. **11.** Rocksaum einschlagen und hohl annähen. **12.** Kragenteile verbinden und wenden. **13.** Kragen an den bezeichneten Stellen in den Halsausschnitt nähen. Der Kragen kann zur Verzierung mit einem Schrägband eingefaßt werden. **14.** Die Knopfleiste hinten am Sattel mit Knopflöchern und Knöpfen versehen.

Flanellpyjama

(Farbabb. gegenüber Seite 33, oben rechts, linkes Modell)

Material: Gut eignet sich außer Flanell auch ein anderer Baumwollstoff.

Zubehör: Gummiband und Knöpfe.

Schnitt: Jacke: 1. Vorderteil, 2×. **2.** Tasche, 2×. **3.** Rücken, 1× (hM = Stoffbruch). **4.** Ärmel, 2×. **5.** Kragen, 2×. **Hose: 6.** Vorderhose, 2×. **7.** Hinterhose, 2×.

Flanellpyjama

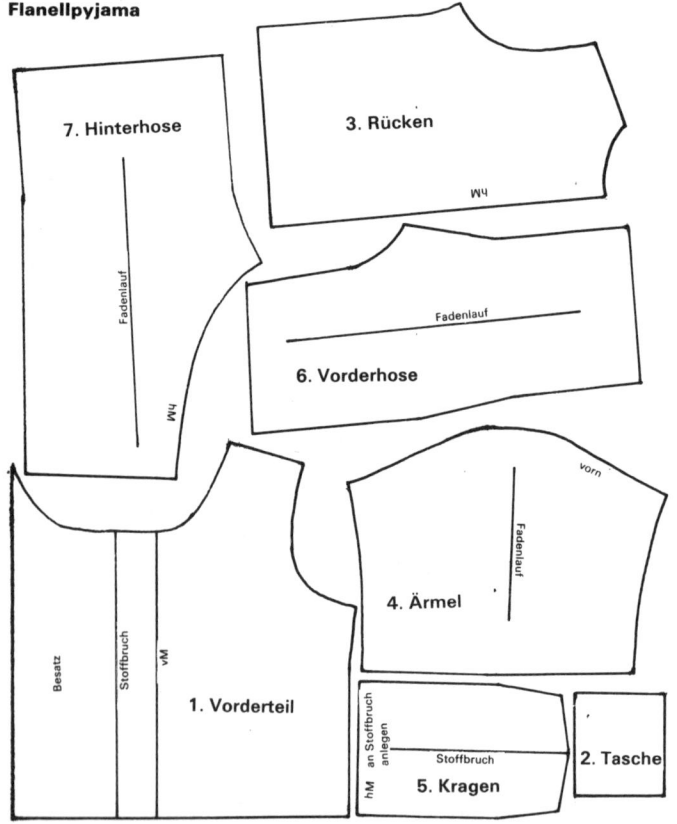

So wird genäht:

Jacke: 1. Den Besatz an den Vorderteilen in der Bruchlinie nach hinten bügeln. **2.** Taschen oben säumen. **3.** Nahtzugabe seitlich und unten umlegen. **4.** Auf jedes Vorderteil eine Tasche nähen. **5.** Schulternähte schließen. **6.** Kragen nähen und wenden. **7.** Kragen wie gekennzeichnet in den Halsausschnitt nähen. **8.** Ärmel einnähen. **9.** Ärmel säumen. **10.** Ärmel-Seitennähte schließen. **11.** Jacke unten säumen. **12.** Vordere Leiste mit Knopflöchern und Knöpfen versehen.

Hose: 1. Seitennähte der Hosenbeine schließen. **2.** Hosenbeine säumen. **3.** Innennähte schließen. **4.** Hosenbeine durch Kreuznaht verbinden. (Ein Bein umstülpen und in das andere stecken!) **5.** Gummi am Bauch der Puppe abmessen und zum Ring zusammennähen. **6.** Gummi oben einlegen, Saum steppen.

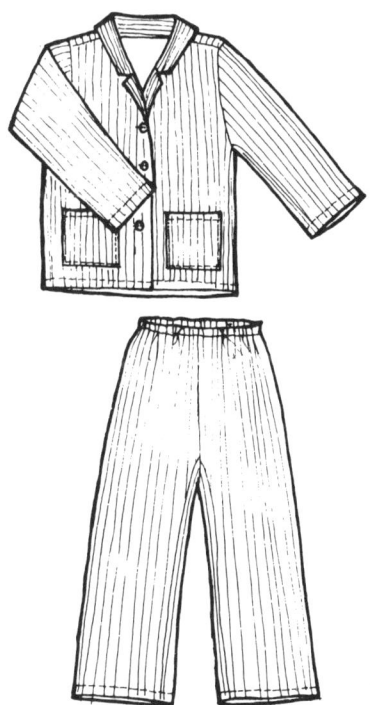

Nachthemdchen mit Raglanärmeln und Passe

(Farbabb. gegenüber Seite 33, oben rechts, rechtes Modell)

Material: Gut eignen sich Flanell, Baumwolle, gewaffelter Stoff.
Zubehör: Verschlußbändchen, Schrägband, Zackenlitze, Gummiband.

Schnitt: 1. Vordere Passe, 2×. **2.** Rückenpasse, 1× (hM = Stoffbruch). **3.** Ärmel, 2× **4.** Vorderteil Rock, 1× (vM = Stoffbruch).
5. Rock hinten, 1× (hM = Stoffbruch). Die vordere Mitte der Passe und der Halsausschnitt werden ohne Nahtzugabe zugeschnitten. Für den Rock werden 5–8 cm für Länge und Naht zugegeben!

Nachthemdchen mit Raglanärmeln und

Passe

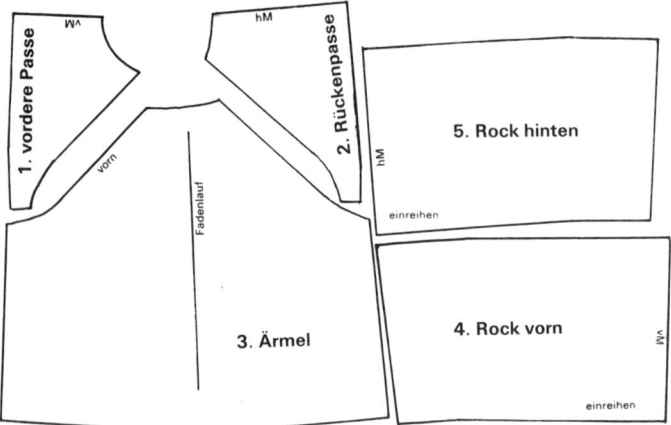

Für den *Volant* wird ein 5 cm breiter Streifen zugeschnitten, der anderthalbmal so lang ist wie die untere Weite des Nachthemdchens.

So wird genäht:

1. Ärmel an die Passenteile nähen. **2.** Vordere Mitte mit doppeltem Schrägband einfassen. **3.** Halsausschnitt mit doppeltem Schrägband

einfassen. **4.** Ärmel unten einschlagen und Zackenlitze annähen.
5. Ärmelvolant: ca. 2 cm vom unteren Ärmelrand ein dem Handgelenk der Puppe entsprechendes gedehntes Stück Gummiband aufsteppen. **6.** Ärmel-Seitennaht schließen. **7.** Rockteile zusammennähen. **8.** Rock oben von Zeichen zu Zeichen einreihen.
9. Rock auf Passenweite ziehen. **10.** Passe und Rock zusammennähen. **11.** Volant zusammennähen. **12.** Rocksaum nach innen umschlagen. **13.** Zackenlitze an die Saumkante nähen. **14.** Oberen Rand des Volantstreifens zweimal einreihen. **15.** Beide Reihfäden auf Rockweite ziehen. Fältchen gleichmäßig verteilen. **16.** Volant an den Rocksaum nähen.

Morgenrock aus Velours

(Farbabb. gegenüber Seite 33, unten links)

Material: Gut eignen sich Velours, Trikot, Stretch oder Nickiplüsch.
Zubehör: Gummiband. Für die Ärmelbündchen und die Einfassung verwenden Sie doppelte Trikotstreifen, eventuell in kontrastierender Farbe.

Schnitt: 1. Vorderteil, 2×. **2.** Taschen, 2×. **3.** Rücken, 1× (hM = Stoffbruch). **4.** Ärmel, 2×. **5.** Bindegürtel, 2×.

Morgenrock aus Velours

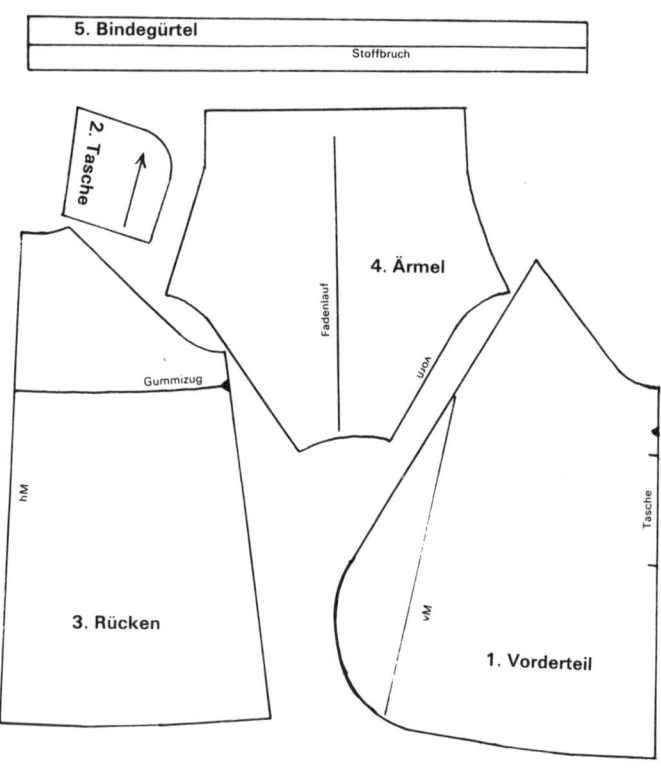

Oben: Heute möchten die Puppen im Haus spielen. Der lila gestreifte Dreß ist aus Muttis altem Pulli entstanden, der andere aus blau gefärbter Winterwäsche. Der Besatz unter der Knopfleiste darf sich nicht dehnen; Stehkragen und Schlitz aus Baumwollstoff wurden gleich mit eingefärbt (Beschreibung Seiten 66f. und 68f.).

Unten: Weich und kuschelig sind diese beiden Nicki-Anzüge. Beim Zweiteiler wurde das Velours für die Bündchen mit der linken Seite nach außen verwendet (Beschreibung Seiten 69ff. und 72f.).

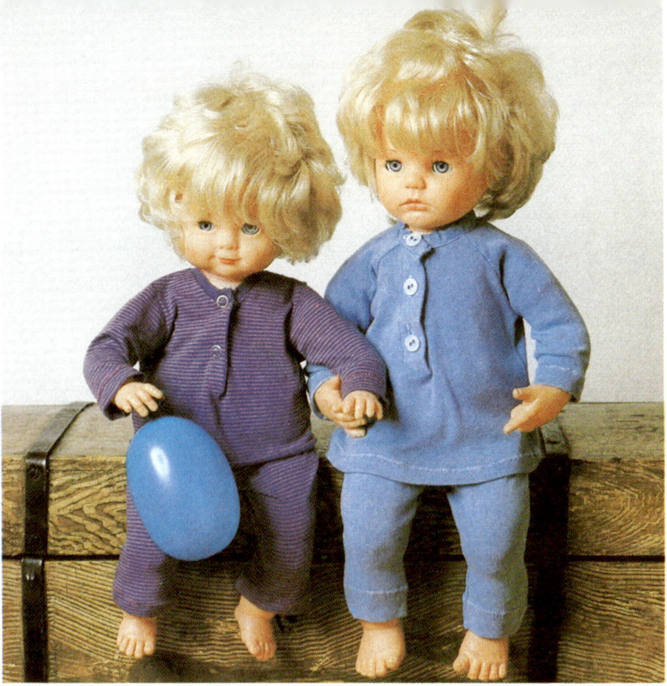

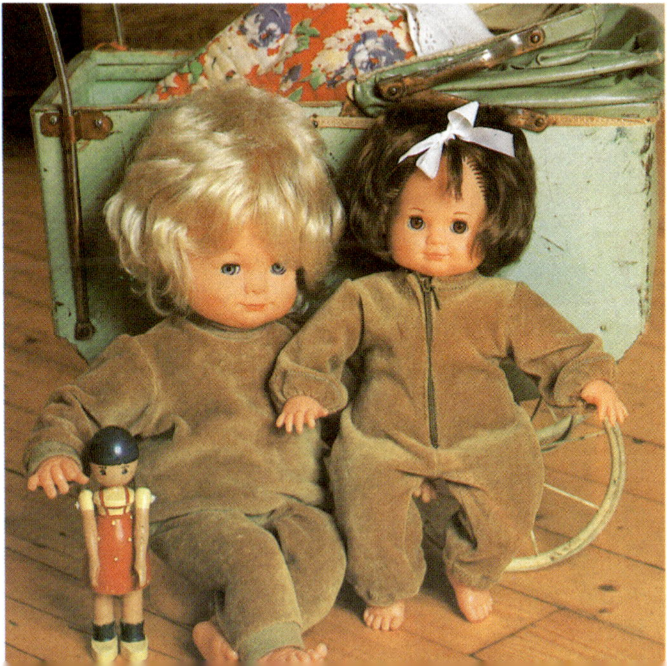

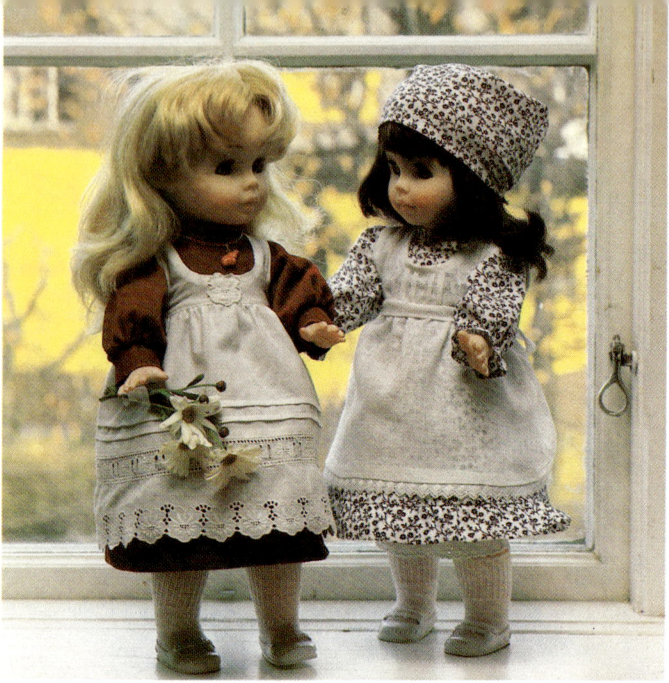

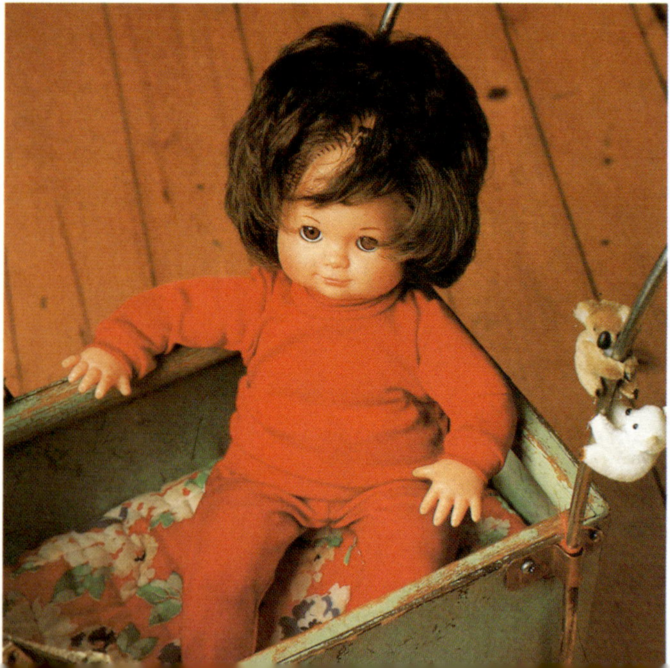

So wird genäht:

1. Taschen oben säumen. **2.** Auf jedes Vorderteil eine Tasche steppen. **3.** Ärmel vorn und hinten einnähen. **4.** An der Taille im Rücken ein Stückchen gedehntes Gummiband mit Zickzackstich befestigen. **5.** Beide Bindegürtelteile von links zusammennähen und umstülpen. **6.** Am Rücken in der Taille Gürtel beidseitig annähen. **7.** Beide Ärmel mit einem elastischen Bündchen versehen. (Bündchen beim Nähen dehnen.) **8.** Ärmel-Seitennaht schließen. **9.** Morgenrock rundherum mit doppeltem Trikotstreifen einfassen.

Oben: Die blonde Puppe trägt über ihrem schönen roten Kleid eine geschlossene Schürze aus Stickereistoff. Als hübschen Unterbruch hat sie zwei Querfalten. Die Blume auf dem Latz wurde aus Spitzenstoff ausgeschnitten und appliziert (Beschreibung Seiten 82 ff. und 76 f.). Die andere Puppe trägt über ihrem geblümten Kleidchen eine Schürze aus feinster Baumwolle. Hinten ist das Schürzchen abgerundet, und es wird mit einem Bindegürtel, der rundherum über die Verbindungsnaht läuft, geschlossen (Beschreibung Seiten 78 ff. und 74 ff.).

Unten: Bequem hat es die Babypuppe in ihrem niedlichen Strampelanzug, bestehend aus Pulli und Strampelhose aus knallrotem Trikotstoff (Beschreibung Seite 91 ff.).

Kleider zum Wohlfühlen

Spielanzug mit eingenähten Ärmeln

(Farbabb. gegenüber Seite 64, oben, linkes Modell)

Material: Gut eignen sich Trikot, Stretch oder ähnliches Material. Warum nicht ein ausgedienter Pulli?

Zubehör: Gummiband und Druckknöpfe zum Einschlagen. Für Hals- und Ärmelbündchen wurden Streifen aus dem Material zugeschnitten.

Schnitt: Oberteil: 1. Vorderteil, 1× (vM = Stoffbruch). **2.** Rücken, 1× (hM = Stoffbruch). **3.** Ärmel, 2×. **Hose: 4.** Vorderteil Hose, 2×. **5.** Hinterhose, 2×.

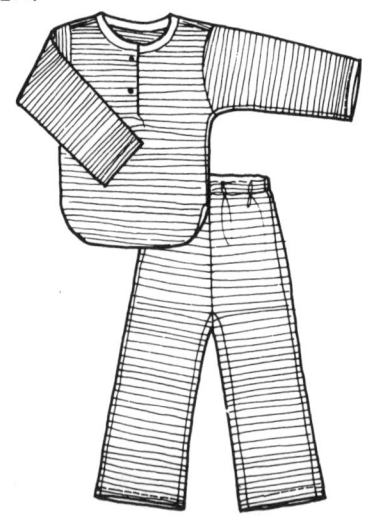

So wird genäht:

Oberteil: 1. Halsschlitz wie auf Seite 24 ff. beschrieben ausführen. **2.** Schulternähte schließen. **3.** Halsausschnitt mit doppeltem Trikotstreifen einfassen. **4.** Druckknöpfe in die Leiste schlagen. **5.** Ärmel einnähen. **6.** Ärmel säumen. **7.** Ärmel-Seitennaht schließen. **8.** Unteren Rand des Oberteils säumen oder mit Zickzack umstechen.

Hose: 1. Seitennähte schließen. **2.** Hosenbeine säumen. **3.** Innennähte schließen. **4.** Beide Hälften durch Kreuznaht verbinden. (Ein Hosenbein umdrehen und in das andere stecken erleichtert die Arbeit!) **5.** Gummi am Bauch der Puppe abmessen und zum Ring zusammennähen. **6.** Gummi einlegen und oberen Saum fertigstellen.

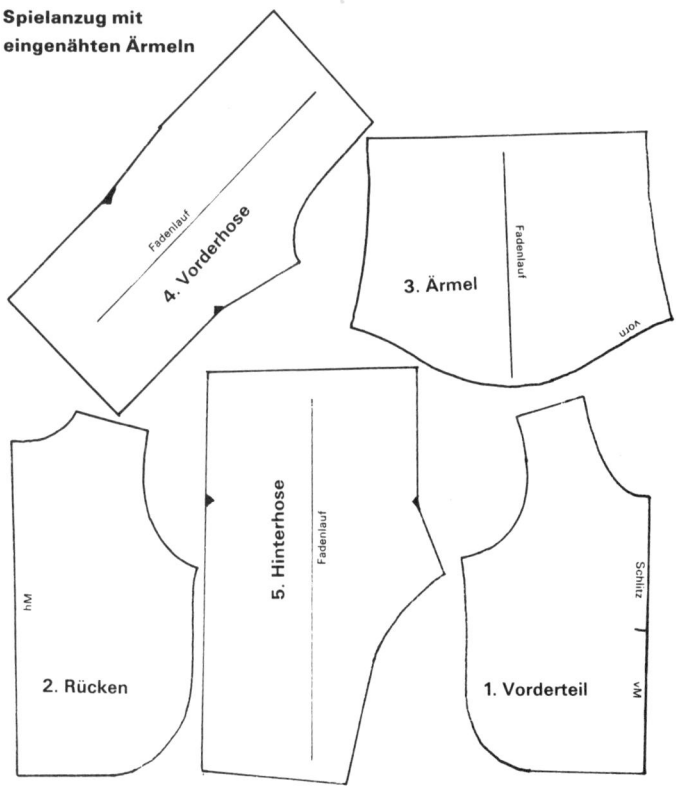

Spielanzug mit eingenähten Ärmeln

Trikotdreß mit Raglanärmeln (Hausanzug)

(Farbabb. gegenüber Seite 64, oben, rechtes Modell)

Material: Gut eignen sich Trikot, Stretch oder ausgediente warme Unterwäsche.
Zubehör: Knöpfe, Gummiband und ca. 10 cm Baumwollstoff für Stehkragen und Schlitz.

Schnitt: Jacke: 1. Vorderteil, 1× (vM = Stoffbruch). **2.** Rücken, 1× (hM = Stoffbruch). **3.** Ärmel, 2×.
Hose: 4. Vorderhose, 2×. **5.** Hinterhose, 2×.

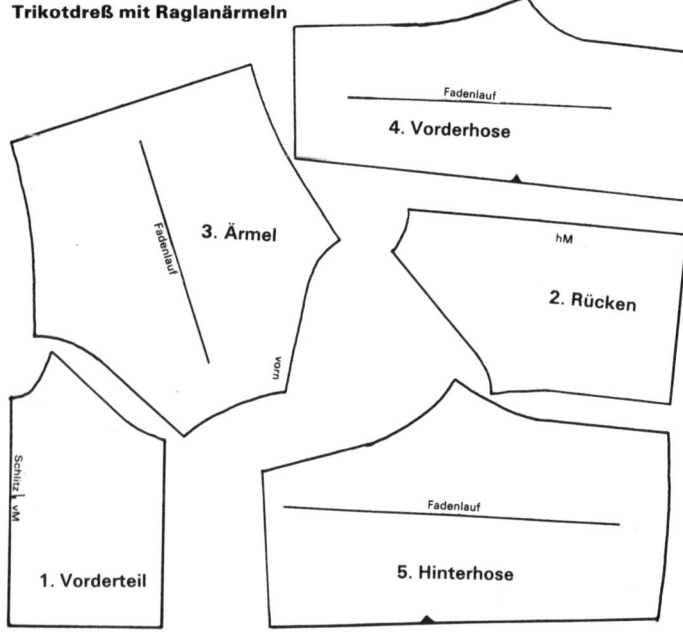

Trikotdreß mit Raglanärmeln

4. Vorderhose

3. Ärmel

2. Rücken

1. Vorderteil

5. Hinterhose

So wird genäht:

Oberteil: 1. Schlitz (siehe Seite 24 ff.) mit Besatz fertigstellen. **2.** Raglanärmel an Vorderteil und Rücken nähen. **3.** Halsausschnitt (einhalten!) mit Stehkragen einfassen. **4.** Knopflöcher und Knöpfe auf der Schlitzleiste anbringen. **5.** Ärmel säumen. **6.** Ärmel-Seitennaht schließen. **7.** Am unteren Abschluß kann das Oberteil entweder eingefaßt, mit Zickzackstich versäubert oder einfach gesäumt werden.

Hose: 1. Beide Außennähte schließen. **2.** Hosenbeine säumen oder mit einem Bündchen aus dem Material versehen. **3.** Innennähte schließen. **4.** Hosenbeine durch Kreuznaht verbinden. (Ein Bein umdrehen und in das andere stecken). **5.** Gummiband am Bauch der Puppe abmessen und zu einem Ring zusammennähen. **6.** Gummi oben anlegen und Hosenbund säumen.

Nicki-Zweiteiler mit eingenähten Ärmeln

(Farbabb. gegenüber Seite 64, unten, linkes Modell)

Material: Gut eignen sich Velours, Trikot, Stretch, abgelegte Pullis und Unterwäsche.

Zubehör: Knöpfe oder Druckknöpfe zum Einschlagen, Gummiband.

Für Ärmelbündchen und die Abschlüsse an Hals und unterem Rand schneiden Sie Streifen aus Trikot. Bei manchen Stoffen wird eine besondere Wirkung erzielt, wenn die linke Seite nach außen genommen wird.

Achtung! Beim Zuschneiden des Rückenteils an der hM für den Schlitz ca. 2 cm zugeben (entsprechend vom Stoffbruch hereinrücken).

Schnitt: Jacke: 1. Vorderteil, 1× (vM = Stoffbruch). **2.** Rücken, 2×. **3.** Ärmel, 2×, **Hose: 4.** Vorderhose, 2×. **5.** Hinterhose, 2×.

Nicki-Zweiteiler mit eingenähten Ärmeln

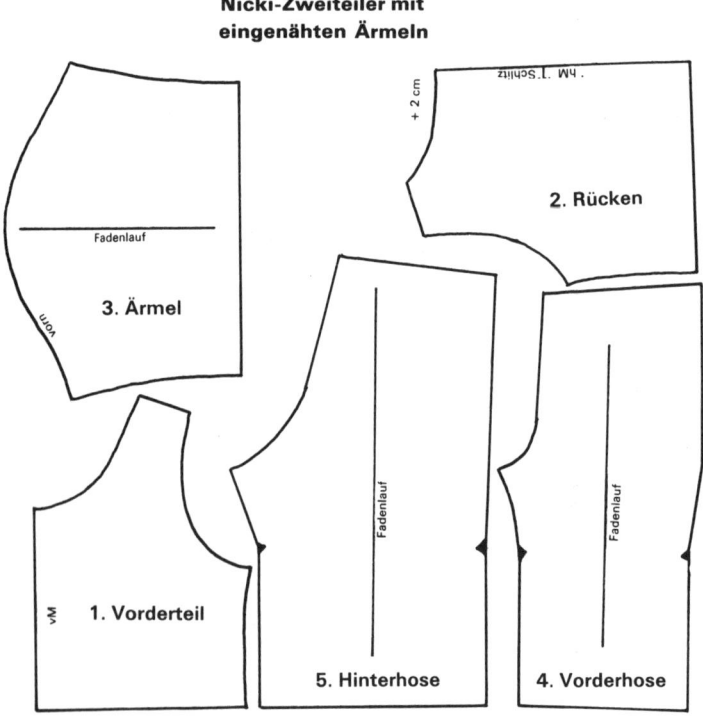

So wird genäht:

Jacke: 1. Schulternähte schließen. **2.** Halsbündchen annähen (doppelt breiten, gedehnten Trikotstreifen nach innen umlegen; linke Stoffseite eventuell nach außen). **3.** Ärmel einnähen. **4.** Ärmelbündchen etwas gedehnt annähen; linke Stoffseite eventuell nach außen. **5.** Eine Ärmel-Seitennaht schließen. **6.** Unteren Abschlußstreifen annähen (Material dehnen, linke Seite eventuell nach außen). **7.** Die zweite Ärmel-Seitennaht schließen.

Hose: 1. An beiden Teilen die Außennähte schließen. **2.** Hosenbeine mit doppelt gelegtem, gedehntem Trikotstreifen einfassen (linke Seite eventuell nach außen). **3.** Beide Innennähte schließen. **4.** Beide Hosenbeine durch Kreuznaht verbinden. (Vereinfachen Sie sich die Arbeit: Ein Hosenbein rechts drehen und in das andere stecken; siehe Seite 49). **5.** Gummi am Bauch der Puppe abmessen und zu einem Ring zusammennähen. **6.** Gummi einlegen und den oberen Saum fertigstellen.

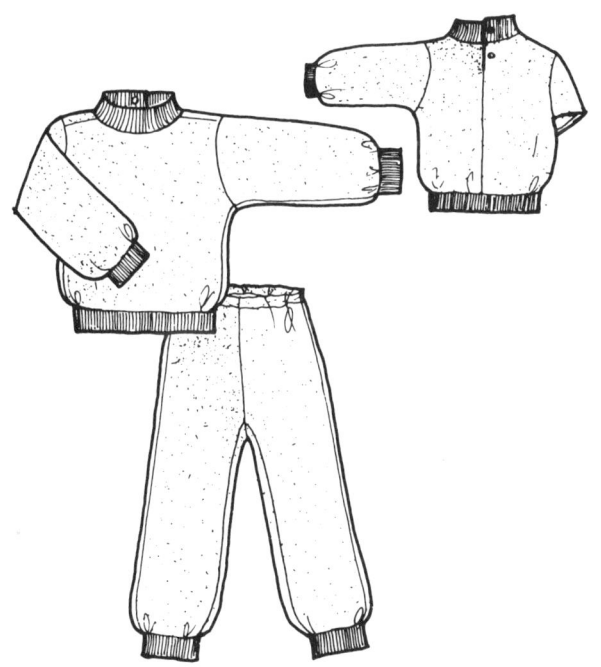

Nicki-Overall mit eingenähten Ärmeln

(Farbabb. gegenüber Seite 64, unten, rechtes Modell)

Material: Gut eignen sich Velours, Stretch oder Trikot.
Zubehör: Reißverschluß und Gummiband.
Für das Halsbündchen eignet sich ein doppelt gelegter Streifen aus
dem elastischen Material.

Schnitt: 1. Vorderteile, 2×. **2.** Rücken, 2×. **3.** Ärmel, 2×.

Nicki-Overall mit eingenähten Ärmeln

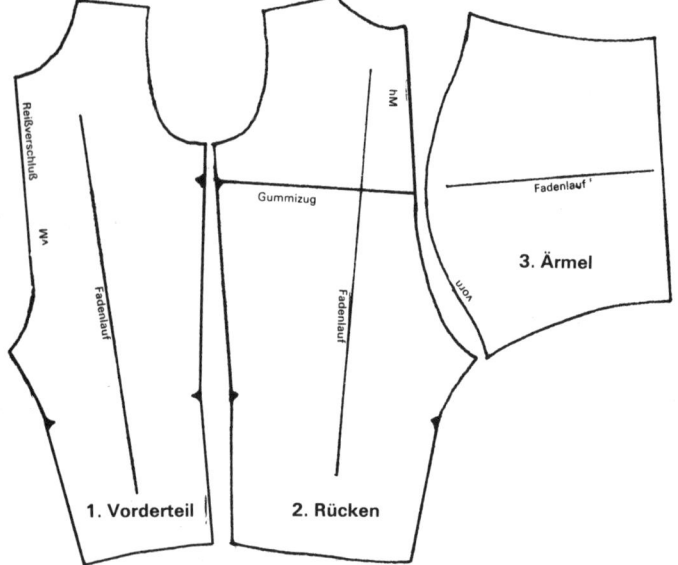

So wird genäht:

1. Schulternähte schließen. **2.** Ärmel einnähen. **3.** Ärmel breit säumen. **4.** Gummi, am Handgelenk der Puppe gemessen, in die Säume einziehen. **5.** Ärmel-Seitennähte samt Gummi zusammennähen.

6. Hosenbeine säumen. **7.** An den Fußgelenken der Puppe gemessenen Gummi einziehen. **8.** Bein-Innennähte samt Gummi zusammennähen. **9.** Hosenbeine durch Kreuznaht verbinden. (Vereinfachen Sie sich die Arbeit: Ein Hosenbein wird rechtsgedreht und in das andere gesteckt; siehe Seite 49). Die Kreuznaht beginnt hinten am Halsausschnitt und reicht 2–3 cm am Vorderteil hoch. **10.** In der Taille wird am Rücken ein Stückchen Gummi mit Zickzack direkt auf den Stoff genäht (Gummi dabei dehnen!) **11.** Halsausschnitt mit doppelt breitem Bündchen aus dem Material einfassen. Streifen dehnen! **12.** Die Vorderteile mit Reißverschluß verbinden.

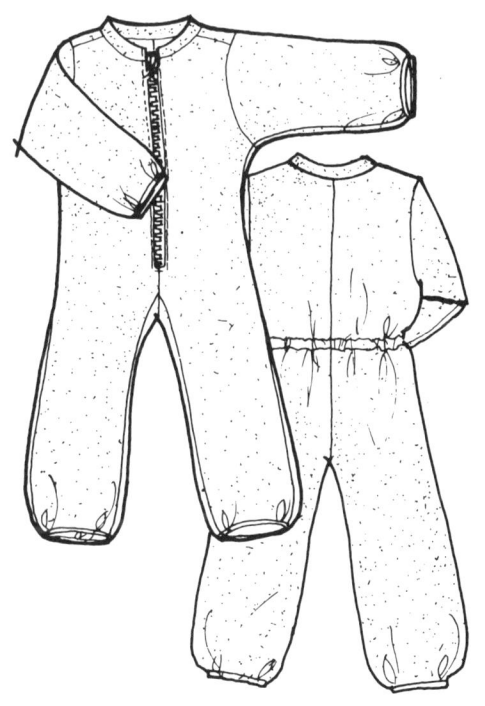

Heute machen wir uns fein

Flügelschürzchen

(Farbabb. gegenüber Seite 65, oben, rechtes Modell)

Material: Gut eignen sich einfarbige, bunte oder gemusterte Baumwollstoffe.
Zubehör: Spitzen oder Stickereistoff und Knöpfe.

Schnitt: 1. Vorderlatz, 1× (vM = Stoffbruch). **2.** Hinterlatz, 2×.
3. Flügel, 2×. **4.** Vorderschürze, 1× (vM = Stoffbruch).
5. Hinterschürze, 2×. **6.** Bindegürtel.
Achtung! Lesen Sie zunächst den ganzen Arbeitsgang durch. Beim
Zuschneiden des Vorderlatzes wird der Schnitt wegen der Biesen
2 cm vom Stoffbruch entfernt aufgelegt. Vorderteil mit reichlich
Zugaben zuschneiden!

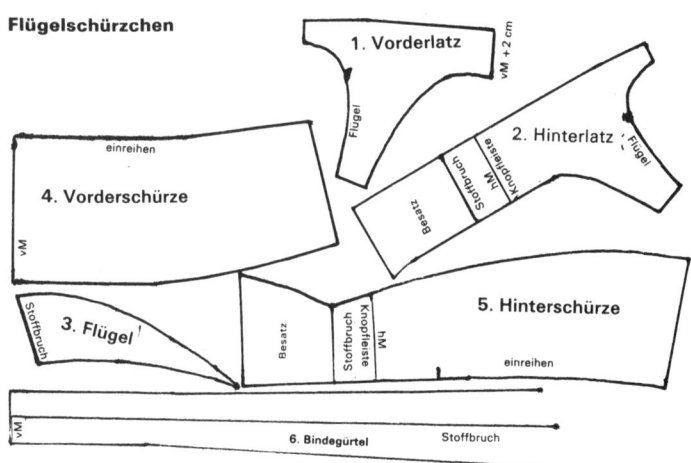

Flügelschürzchen

Jetzt geht's ans Nähen:

1. Arbeitsgang für die Biesen am Vorderlatz: **2.** Von der vorderen
Mitte je 1 cm nach beiden Seiten messen und mit einer Nadel fadengerade herunterritzen; nun nochmals im Abstand von je 1 cm
parallel fadengerade ritzen. **3.** Am geritzten Fadenlauf den Stoff
links auf links zusammenlegen und ca. 0,4 cm breite Biesen nähen.
4. Die Biesen von der Mitte weg nach außen bügeln. **5.** Diesen
Vorderlatz nun im Stoffbruch zusammenlegen und erst jetzt mit ca.
1,5 cm Nahtzugabe endgültig nach dem Schnitt zuschneiden.
6. Schulternähte am Latz schließen. **7.** Außenrand der Flügelchen
säumen oder einfassen. **8.** Zweimal einreihen. **9.** Reihfäden ziehen,
bis das Flügelchen in das Armloch paßt. Fältchen gleichmäßig ver-

teilen und Flügelchen annähen. **10.** Seitennähte schließen. **11.** Rockteile zusammennnähen. **12.** Schürzenteil oben zweimal einreihen und auf Latzweite ziehen. Fältchen gleichmäßig verteilen. **13.** Rock und Latz durch Naht verbinden. **14.** Unten Saum nach hinten legen. **15.** Spitze annähen. **16.** Besatz im Rücken in den Bruchkanten nach innen legen. **17.** Halsausschnitt mit Schrägband oder Schrägstreifen einfassen. **18.** Knopflöcher und Knöpfe hinten auf der Verschlußleiste anbringen. **19.** Den Bindegürtel zuschneiden und nähen.

Schürze oder Strandkleid

(Farbabb. gegenüber Seite 65, oben, linkes Modell sowie Titelfoto, linkes Modell)

Material: Gut eignen sich Baumwollbatist, feines Bettleinen oder ähnliches.

Zubehör: Stickereistoff oder Spitze, Knöpfe.

Schnitt: 1. Vorderteil Latz, 1× (vM = Stoffbruch). **2.** Hinterlatz, 2×. **3.** Vorderschürze, 1× (vM = Stoffbruch). **4.** Hinterschürze, 2×.

Schürze oder Strandkleid

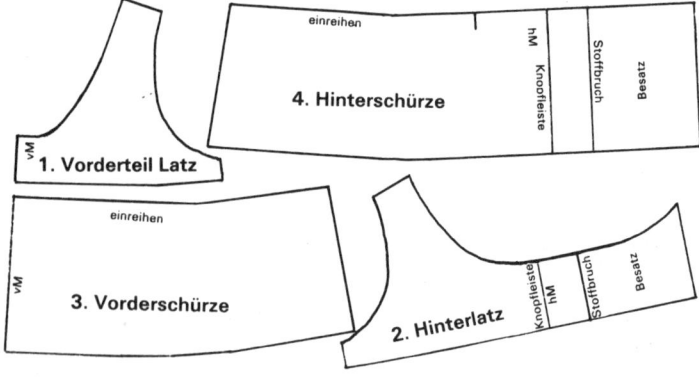

So wird genäht:

1. Schulternähte am Latz schließen; dazu eignet sich die flache Kappnaht besonders gut. **2.** Halsausschnitt und Armlöcher mit Schrägstreifen oder Schrägband einfassen. **3.** Seitennähte schließen. **4.** Schürzenrock zusammennähen. **5.** Oben zwei Reihfäden so ziehen, daß Latz und Rockweite übereinstimmen; Fältchen gleichmäßig verteilen. **6.** Latz und Schürzenteil verbinden. **7.** Unten Spitze gegennähen. **8.** Besatz am Rücken in den Bruchlinien nach hinten legen. **9.** Knopflöcher und Knöpfe an den Leisten anbringen. **10.** Vorn ein Motiv aus dem Spitzenstoff als Blume auf den Latz applizieren.

Kleid mit Kopftuch

(Abb. Seite 84)

Material: Gut eignen sich einfarbige oder zart gemusterte Baumwollstoffe.

Zubehör: Knöpfe und Gummiband.

Schnitt: 1. Passe vorn, 1× (vM = Stoffbruch). **2.** Passe hinten, 2×. **3.** Ärmel, 2×. **4.** Vorderrock, 1× (vM = Stoffbruch). **5.** Rock hinten, 2×.

Der *Volant* für den Rockabschluß wird in der 1½fachen Weite des Rockes ca. 6 cm breit zugeschnitten.

Für die Halseinfassung schneiden Sie aus dem Kleidermaterial einen ca. 3 cm breiten Schrägstreifen.

Kleid mit Kopftuch

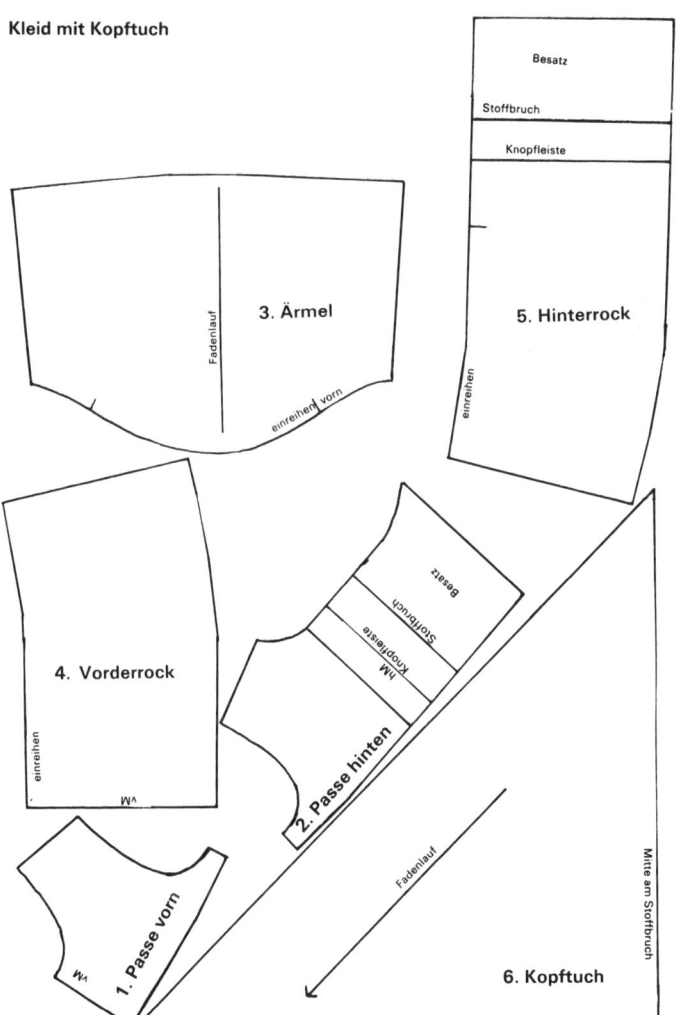

Besatz

Stoffbruch

Knopfleiste

3. Ärmel

Fadenlauf

einreihen vorn

5. Hinterrock

einreihen

4. Vorderrock

einreihen

Besatz

Stoffbruch

Knopfleiste

hM

2. Passe hinten

1. Passe vorn

Fadenlauf

Mitte am Stoffbruch

6. Kopftuch

Und so wird genäht:

1. Schulternähte an der Passe schließen. **2.** Die Armkugeln zweimal einreihen und so ziehen, daß die Kugel in das Armloch paßt. Fältchen gleichmäßig verteilen. **3.** Ärmel einnähen. **4.** Die Ärmel breit säumen oder einfassen. **5.** 2 cm vom Rand bekommen die Ärmel einen Gummizug. Gummi am Handgelenk der Puppe messen und gedehnt von links direkt mit Zickzackstich auf den Stoff nähen. **6.** Ärmel-Seitennähte schließen. **7.** Rockteile zusammennähen. **8.** Oben zwei Reihfäden so ziehen, daß der Rock in der Weite mit der Passe übereinstimmt; Fältchen gleichmäßig verteilen. **9.** Passe und Rock verbinden. **10.** Volant der Breite nach zusammenlegen, an der Schnittkante zweimal einreihen und dann auf Rockweite ziehen und die Fältchen gleichmäßig verteilen. **11.** Den Belag im Rücken an der Bruchlinie nach hinten legen. **12.** Den Halsausschnitt mit Schrägstreifen einfassen. **13.** Knopfleisten im Rücken mit Knopflöchern und Knöpfen versehen.

Oben links: Der kurzärmelige Pulli, die kurze Hose und die Mütze sind aus einem zu klein gewordenen gestreiften Trikotpulli entstanden (Beschreibung Seite 93 ff.). Der Mützenschnitt ist für Mützen aus den verschiedensten Materialien vielfach verwendbar. Vorschläge sind auf Seite 95 abgebildet.

Oben rechts: Die einfache Kleiderschürze ist aus einem hübsch mit roten Vögelchen bedruckten Stoff entstanden und mit rotem Schrägband eingefaßt. Das Modell wird hinten geknöpft (Beschreibung Seite 96 f.).

Unten: Fescher Puppenjunge in Jeans und gestreiftem Flanellhemd. In der Lederweste trägt er sogar eine Uhrkette (Beschreibung Seite 98 ff.). Beschreibung der Mütze auf Seite 95.

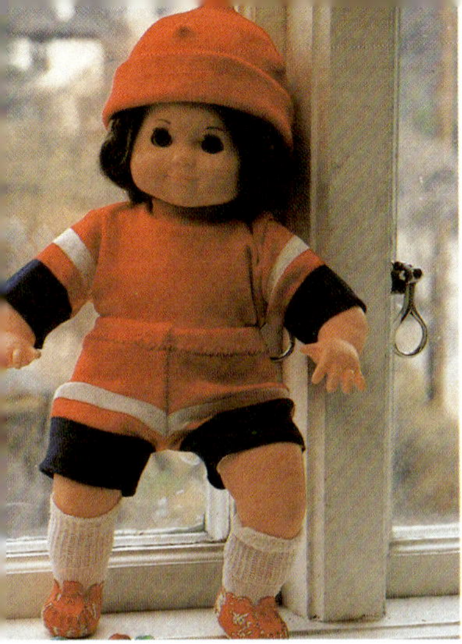

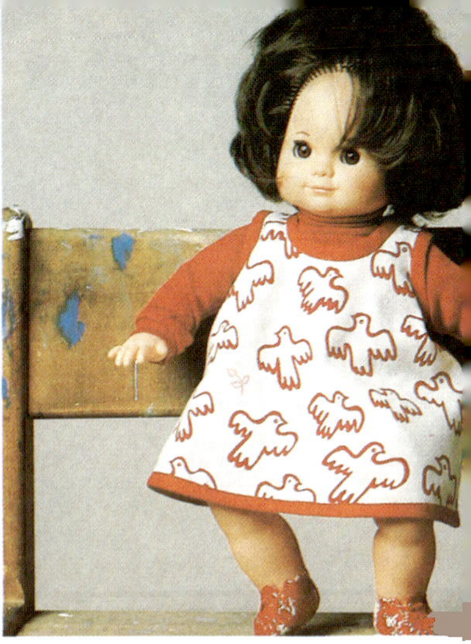

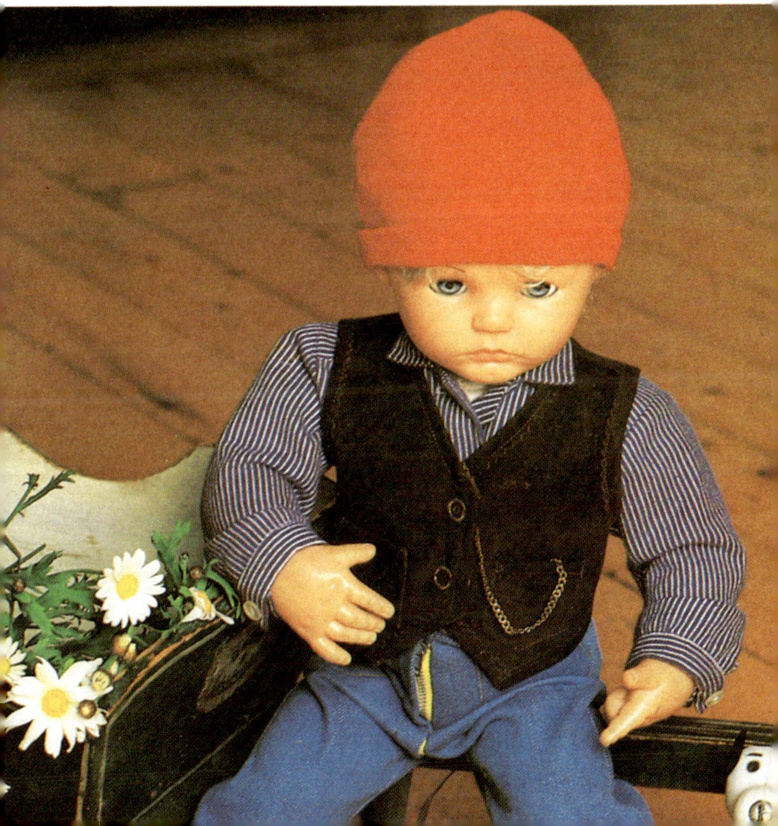

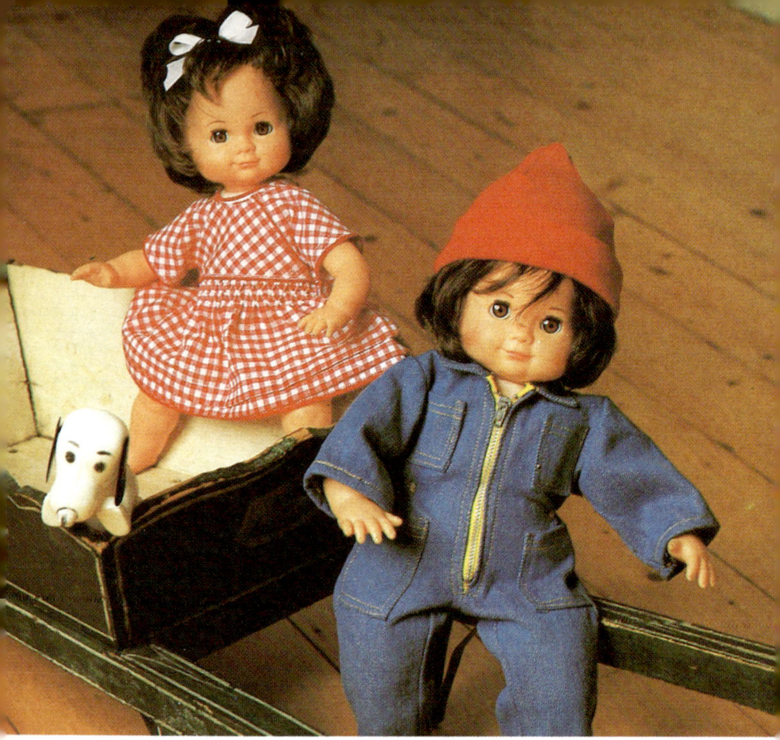

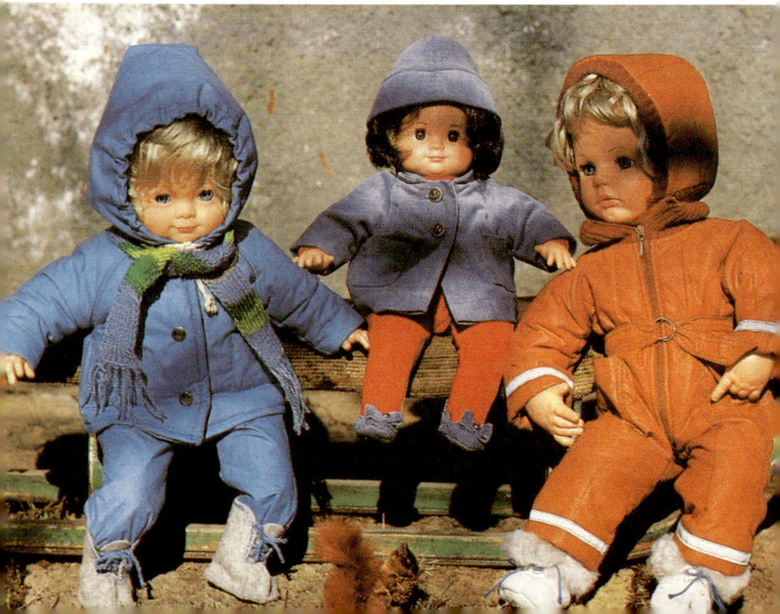

Kopftuch – zum Kleid passend

Zubehör: eventuell Stickereispitze oder Bändchen zum Verzieren.

Schnitt: 6. Kopftuch, 1× (Stoffbruch = Mitte).

So wird genäht:

Das Kopftuch mit der Maschine oder von Hand säumen. Es kann mit zarter Spitze oder einem Bändchen eingefaßt werden.

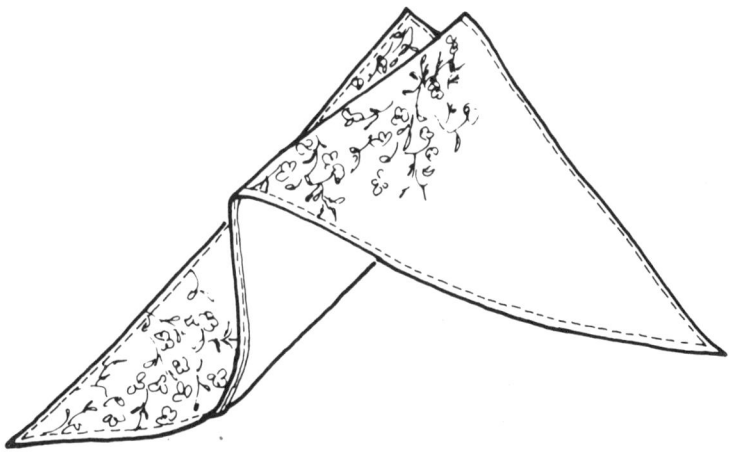

Oben: Der Rock des Kleidchens aus rotkariertem Baumwollstoff ist zart gesmokt (Beschreibung auf Seite 104 f.). Die Beschreibung für den Overall des Puppenjungen finden Sie auf Seite 102 f.

Unten: Die Puppe rechts trägt einen Overall aus beschichtetem Stoff. Die Mütze aus dem gleichen Material paßt fein dazu (Beschreibung auf Seite 106 ff.).
Niedlich sieht die Puppe in der Mitte aus mit Mantel und Hut aus Manchestersamt (Beschreibung auf Seite 116 f.) und den passenden Schuhen.
Anorak und Überziehhose stehen der Puppe links besonders gut (Beschreibung auf Seite 109 ff.).
Nach diesen Schnitten können sie allerlei Praktisches für Regenwetter und Schnee anfertigen.
Die Beschreibung der Schuhe finden Sie auf Seite 118 ff.

Waschsamtkleidchen

(Abb. Seite 84)

Material: Gut eignen sich leichter Manchestersamt, einfarbiger oder gemusterter Baumwollstoff.
Zubehör: Knöpfe.

Schnitt: 1. Vordersattel, 1× (vM = Stoffbruch). **2.** Hintersattel, 2×.
3. Ärmel 2×. **4.** Manschette, 2×. **5.** Vorderrock, 1× (vM = Stoffbruch). **6.** Hinterrock, 2×.
Der *Kragen* wird inklusive Nahtzugabe 4 cm breit schräg geschnitten.

Waschsamtkleid

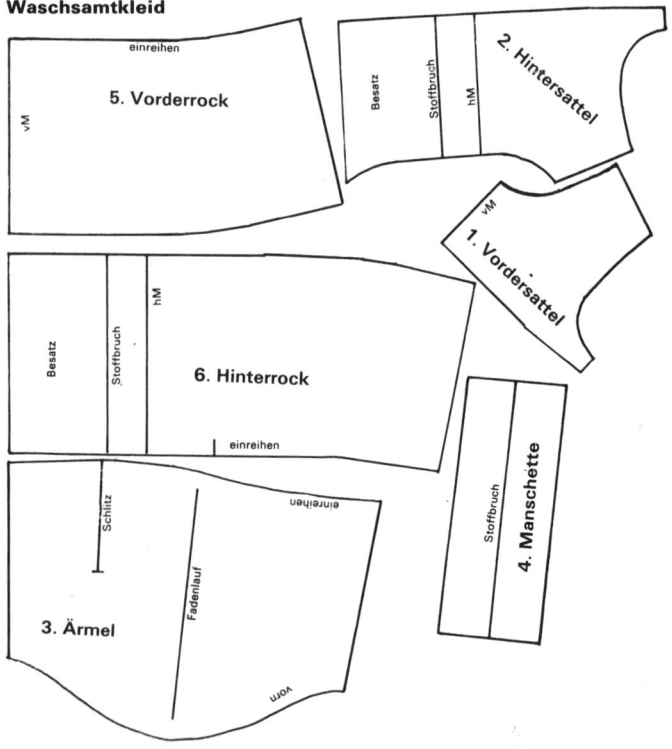

So wird genäht:

1. Schulternähte an der Passe schließen. **2.** Ärmel einnähen. **3.** Beide Ärmel unten je zweimal einreihen. **4.** Manschetten nähen und wenden. **5.** Reihfäden an den Ärmeln so ziehen, daß sie ca. 1,5 cm enger als die Manschetten werden. Fältchen gleichmäßig verteilen. **6.** Die Manschetten so an die Ärmel nähen, daß sie nach hinten ca. 1,5 cm überstehen (zum Überknöpfen). **7.** Ärmel-Seitennähte schließen. An jedem Ärmel unten einen Schlitz von 4–5 cm Länge lassen. **8.** Rockteile zusammennähen. **9.** Den Rock oben zweimal einreihen und so ziehen, daß er in der Weite mit der Passe übereinstimmt; Fältchen gleichmäßig verteilen. **10.** Rock an die Passe nähen. **11.** Rocksaum einschlagen. **12.** Den Belag am Rücken in den Bruchlinien nach hinten legen. **13.** Kragen in den Halsausschnitt heften. Die Enden stimmen genau mit der Belagkante überein! **14.** Kragen in den Halsausschnitt nähen. **15.** Knopflöcher und Knöpfe im Rücken auf den Leisten anbringen.

Das rote Waschsamtkleid (linkes Modell) ist hinten geknöpft
(Arbeitsanleitung Seite 82ff.). Es hat eine Passe mit Stehkragen und
einen angekrausten Rock. Ein Volant am Saum schließt das weiße,
zart gemusterte Kleid (rechtes Modell) besonders hübsch ab. Ein
Kopftuch aus dem Kleiderstoff gehört dazu (Arbeitsanleitung
Seite 78ff.).

Einmal in Tracht gehen

Rättvik-Tracht aus Schweden

(Farbabb. gegenüber Seite 33, unten rechts)

Material:

Hemdchen: feines Leinen oder dünne Baumwolle.

Halstuch: feines Leinen oder dünne Baumwolle, eventuell schmale Spitzen zum Einfassen.

Schnürleibchen: grüngemusterter oder einfarbiger starker Satin, eventuell auch Baumwolle; passepoiliert wird in Rot. Spangen und rotes Seidenband zum Schnüren.

Rock: blaues Tuch oder Filz.

Eingesetzter Schürzenteil: quergestreifter Wollstoff.

Rockpasse: rotes Tuch oder Filz.

Schultertuch: weißer Baumwollbatist, Spitze.

Umhängetasche: als Grundmaterial weißes Leder oder kräftiger Leinenstoff.

Applikationen: Filz in Rot, Grün, Gelb und Moulinégarn: 1 Faden in Lila-Grün sowie Gelb.

Einfassungen: roter Filz.

Abschlußfransen: roter und blauer Filz.

Rückseite: roter Satin, gewebtes Band.

Zubehör: Haken und Ösen als Rockverschluß.

Tracht aus Schweden

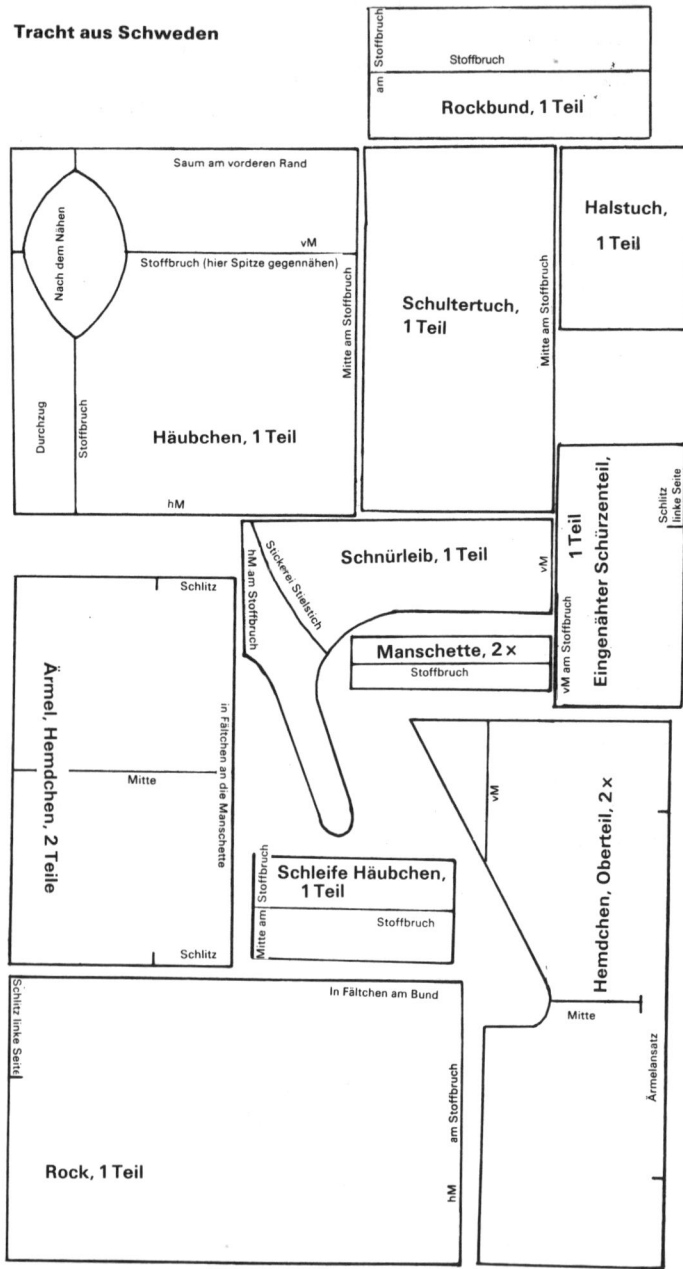

Rockbund, 1 Teil

am Stoffbruch

Stoffbruch

Saum am vorderen Rand

Nach dem Nähen

vM

Stoffbruch (hier Spitze gegennähen)

Durchzug

Stoffbruch

Häubchen, 1 Teil

hM

Halstuch, 1 Teil

Schultertuch, 1 Teil

Mitte am Stoffbruch

Mitte am Stoffbruch

Eingenähter Schürzenteil, 1 Teil

Schlitz linke Seite

vM am Stoffbruch

vM

Schnürleib, 1 Teil

hM am Stoffbruch

Stickerei Stielstich

Manschette, 2 ×

Stoffbruch

Ärmel, Hemdchen, 2 Teile

Schlitz

Mitte

in Fältchen an die Manschette

Schlitz

vM

Hemdchen, Oberteil, 2 ×

Schleife Häubchen, 1 Teil

Mitte am Stoffbruch

Stickerei Stielstich

Stoffbruch

Mitte

Ärmelansatz

Schlitz linke Seite

Rock, 1 Teil

In Fältchen am Bund

am Stoffbruch

hM

86

So wird genäht:

Hemdchen: 1. Halsausschnitt und vordere Kanten säumen. **2.** Ärmel einnähen. **3.** Entlang der Naht Ärmel mit Flechtstich verzieren (S. 41). **4.** Ärmel unten einreihen oder in Fältchen legen (siehe S. 35). **5.** Manschetten nähen und wenden. **6.** Manschetten an die Ärmel nähen, eventuell ein blaugemustertes Webband aufnähen. **7.** Ärmel-Seitennaht schließen. **8.** Hemdchen am unteren Rand säumen. **9.** Manschettenknöpfe selbst anfertigen (S. 34). **10.** Schlinge für das Manschettenknöpfchen nähen (S. 32) und Knopf annähen.

Halstuch: 1. Halstuch nähen und wenden. **2.** Oben als Abschluß eine zarte Spitze annähen.

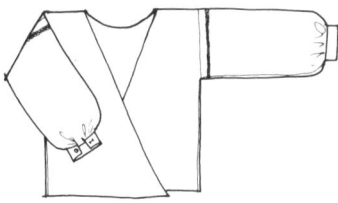

Schnürleibchen: 1. Das Leibchen wird am einfachsten mit der Hand ringsherum passepoiliert. **2.** Die Rückennähte mit rotem Moulinégarn in Stielstich betonen. **3.** An beiden Vorderteilen je 2–3 Schnürlöcher für die Bänder anbringen (siehe S. 34). **4.** Entsprechende Spangen an den Vorderteilen und auch an den beiden Trägern befestigen. **5.** Das Leibchen unten säumen. **6.** Rote Seidenbänder zum Schnüren einziehen.

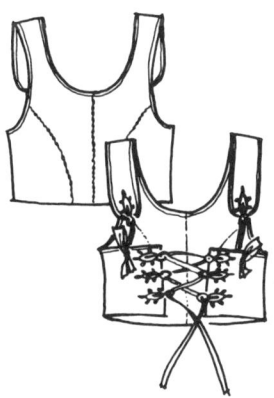

Rock: 1. Den Rock über der Hüfte einreihen und Fältchen ziehen (siehe Seite 35). **2.** Den Schürzenteil vorn in den Rock nähen. **3.** Der fertige Rock wird in den breiten Bund aus rotem Filz gefaßt. **4.** Bund mit der Maschine in ca. 5 mm Abstand mehrmals absteppen. **5.** Rocksaum hochnähen.

Schultertuch: 1. Rundherum einsäumen. **2.** Mit Flechtstich (siehe S. 41) besticken.

Häubchen: 1. Häubchen am vorderen Rand zusammennähen und wenden. **2.** Hinten säumen. **3.** Am unteren Rand beidseitig Durchzug säumen. **4.** Knüpfband nähen und stürzen; eine Schleife daraus binden. **5.** Vorderen Rand mit Spitzen einfassen. **6.** Häubchen durch Einziehen eines Gummis zusammenhalten. **7.** Die Schleife hinten am Häubchen befestigen.

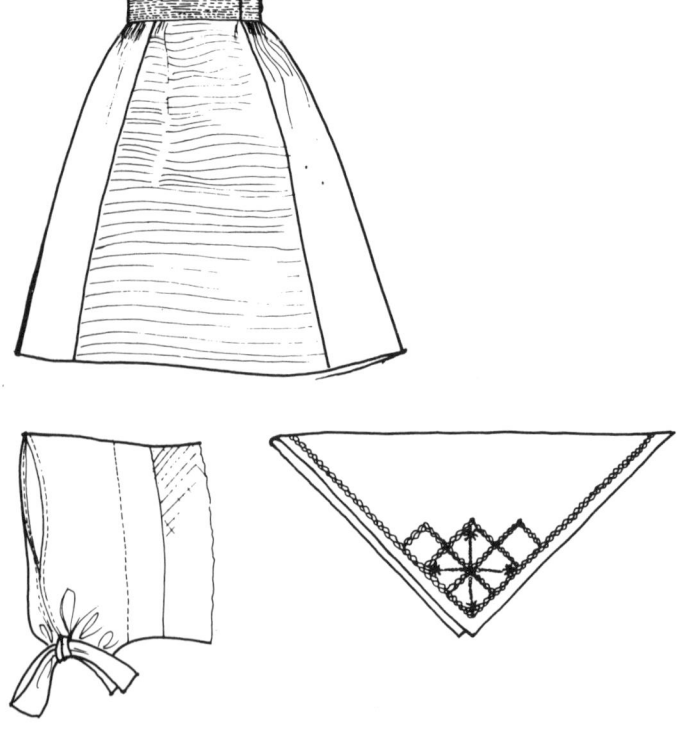

Zum Nachmachen:

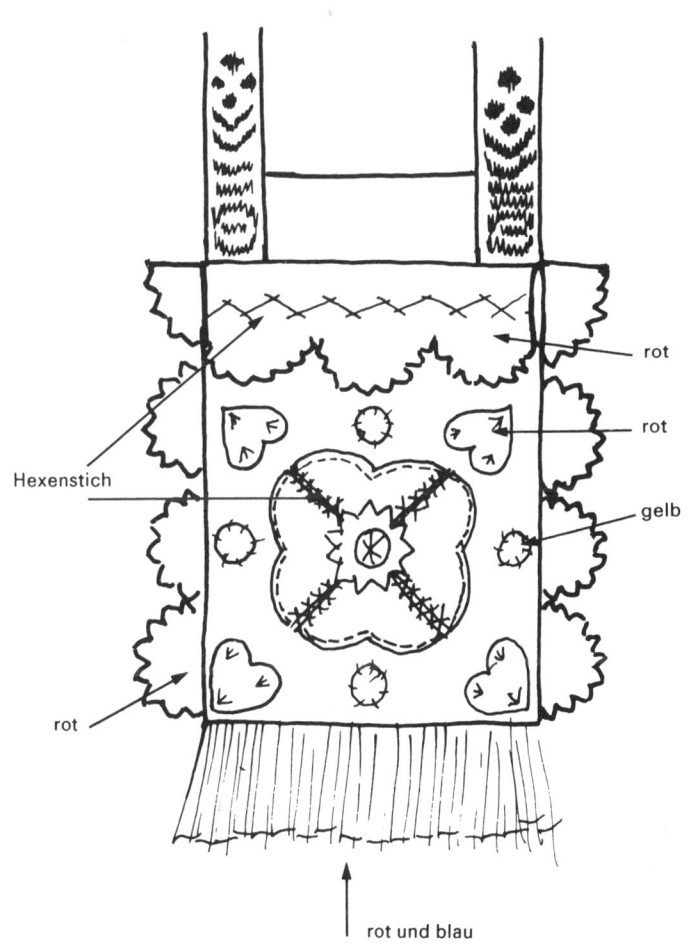

Hexenstich

rot

rot

gelb

rot

rot und blau

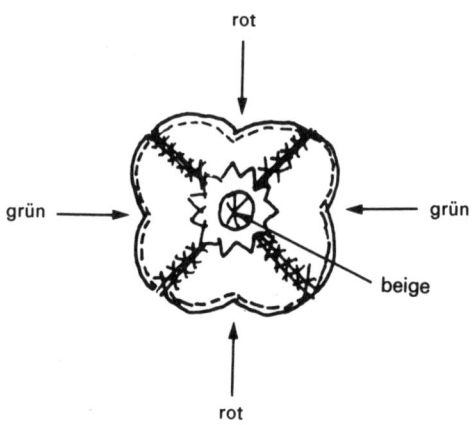

Umhängetasche: 1. Die Motive auf das Grundmaterial applizieren. **2.** Zacken annähen. **3.** Aus rotem und blauem Filz Fransen für den unteren Abschluß schneiden. **4.** Beim Annähen liegen die blauen Fransen hinten, die roten vorn. **5.** Das fertige Vorderstück der Tasche wird am oberen Rand gesäumt, mit rotem Satin gegengefüttert. Satin an drei Seiten an die Tasche nähen. **6.** Oben Tragband befestigen.

Zu dieser Tracht gehören rote Strümpfe und schwarze Schuhe.

Garderobe für Babypuppen

Pulli und Strampelhose

(Farbabb. gegenüber Seite 65, unten)

Material: Gut eignen sich Trikot, Stretch, Nickiplüsch, zu klein gewordene Pullis usw.
Zubehör: Druckknöpfe und Gummiband.
Für Rollkragen und die Bündchen werden Streifen aus dem Material zugeschnitten und beim Annähen gedehnt.

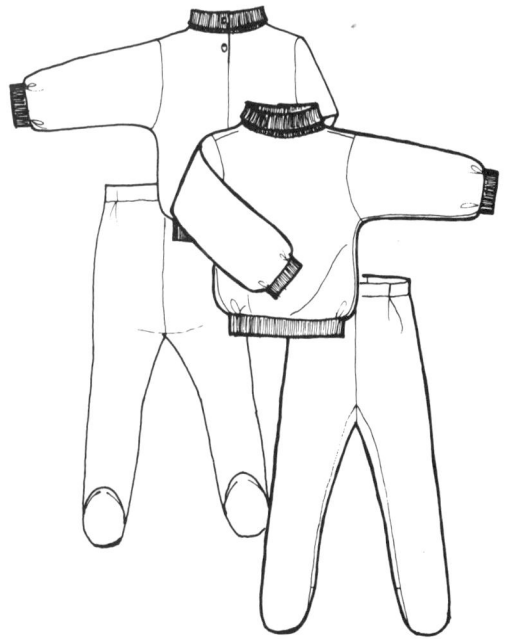

Schnitt: Pulli: 1. Vorderteil, 1× (vM = Stoffbruch). **2.** Rücken, 2×. **3.** Ärmel, 2×.

Hose: 4. Vorderhose, 2×. **5.** Hinterhose, 2×.

Pulli und Strampelhose

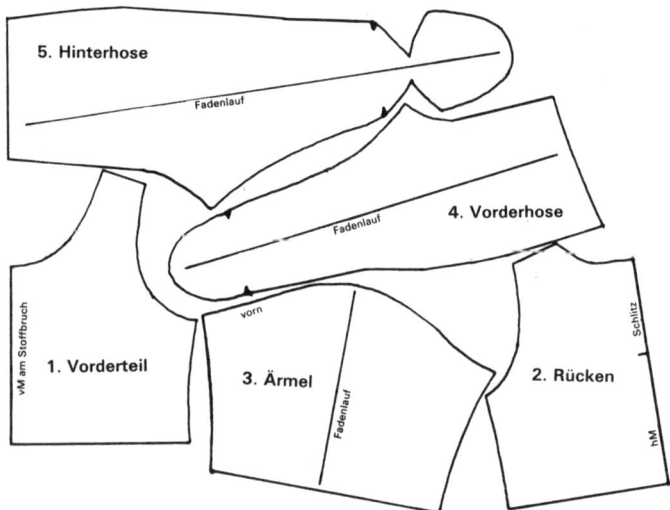

So wird genäht:

Pulli: 1. Schulternähte schließen. **2.** Den doppelt gelegten Rollkragen gedehnt in den Halsausschnitt nähen. **3.** Ärmel einnähen. **4.** An jeden Ärmel ein doppelt gelegtes Bündchen nähen. **5.** Ärmel-Seitennähte schließen. **6.** Doppelt gelegtes Abschlußbündchen unten annähen. **7.** Rückennaht schließen, dabei am Hals einen 5–6 cm langen Schlitz lassen. **8.** Als Verschluß an Schlitz und Kragen Druckknöpfe anbringen.

Hose: 1. An beiden Teilen der Hinterhose eine Fersenfalte abnähen. **2.** Beide Hosenbeine durch Außennaht-Fuß-Innennaht fertigstellen. **3.** Die Teile durch Kreuznaht verbinden. (Ein Hosenbein rechts drehen und in das andere stecken, erleichtert die Arbeit!) **4.** Gummiband am Bauch der Puppe messen und zu einem Ring schließen. **5.** Saum machen und vor dem Nähen Gummi einlegen.

Kurzärmeliger Pulli und kurzes Höschen

(Farbabb. gegenüber Seite 80, oben links)

Material: Gut eignen sich Trikot, Stretch oder ein abgelegter Pulli.
Zubehör: Druckknopf und Gummiband.

Schnitt: Pulli: 1. Vorderteil, 1× (vM = Stoffbruch). **2.** Rücken, 1× (hM = Stoffbruch). **3.** Ärmel, 2×.

Zum Einfassen des Halsausschnitts schneiden wir einen doppelt breiten Streifen aus dem Material. Er wird beim Annähen gedehnt. **Hose: 4.** Vorderhose, 2×. **5.** Hinterhose, 2×.

Kurzärmliger Pulli und kurzes Höschen

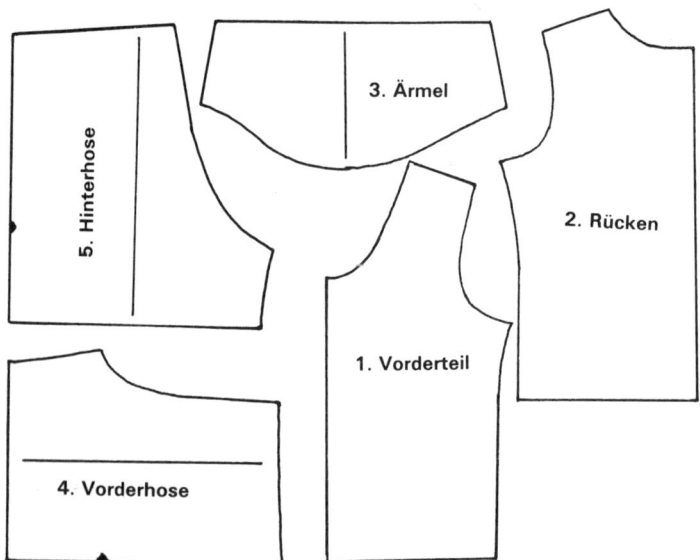

So wird genäht:

Pulli: 1. Schulternähte schließen. **2.** Am Stoffbruch im Rücken einen ca. 5 cm langen Schlitz einschneiden. **3.** Den Halsausschnitt mit einem gedehnten, doppelt gelegten Streifen aus dem Material einfassen. **4.** Schlitzränder und Halsleiste mit Zickzackstich versäubern. **5.** Als Verschluß Druckknöpfe am Schlitz anbringen. **6.** Ärmel einnähen. **7.** Ärmel säumen. **8.** Ärmel-Seitennähte schließen. **9.** Unteren Rand säumen.

94

Hose: 1. An beiden Hosenbeinen Innennähte schließen. **2.** Teile durch Kreuznaht verbinden. Dazu wird ein Hosenbein umgestülpt und in das andere gezogen. **3.** Gummi am Bauch der Puppe abmessen und zu einem Ring schließen. **4.** Saum über dem Gummi einschlagen. **5.** Säumen.

Mützen

(Farbabb. gegenüber Seite 80, oben links und unten)

Material: Gut eignen sich Trikot und feingestrickte Stoffe. Abgelegte Pullis und Mützen sind auch sehr brauchbar.
Zubehör: Wollreste für Quasten und Schnüre.

Schnitt: Mütze: 1× (vM = Stoffbruch). Hat das Trikot eine Webkante oder einen vorhandenen festen Saum, wird der untere Schnittrand hier angelegt.

Mützen

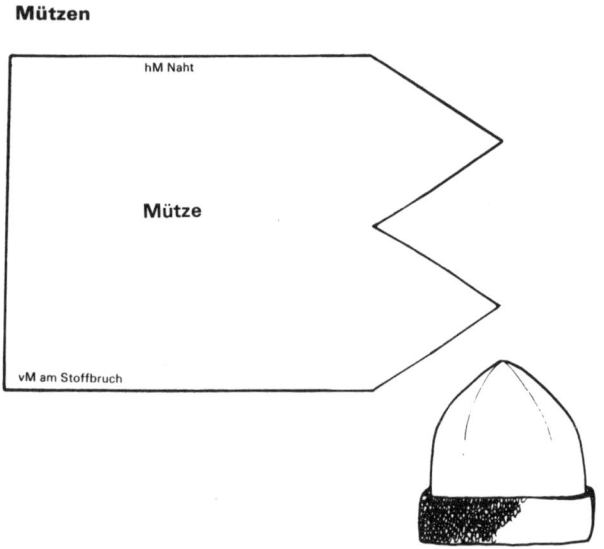

So wird genäht:

1. Mütze von links durch Seitenabnäher in Form bringen. **2.** Hintere Mitte schließen, oben alle Abnäher fassen und bis zur Spitze des vorderen Abnähers durchnähen. **3.** Die Mütze eventuell mit einer Bommel oder mit Schnur und Quaste versehen.

Kleiderschürze

(Farbabb. gegenüber Seite 80, oben rechts)

Material: Gut eignet sich Baumwollstoff.
Zubehör: Knöpfe und Schrägband zum Einfassen.

Schnitt: 1. Vorderteil, 1× (vM = Stoffbruch). **2.** Rücken, 2×.

Kleiderschürze

2. Rücken, Schürze

Knopfleiste

Stoffbruch

Besatz

vM am Stoffbruch

1. Vorderteil, Schürze

So wird genäht:

1. Schulternähte schließen. **2.** Besatz im Rücken an den Bruchkanten nach hinten legen. **3.** Hals und Ärmelausschnitte mit Schrägband einfassen. **4.** Seitennähte schließen. **5.** Unteren Rand mit Schrägband einfassen. **6.** An der hinteren Verschlußleiste Knopflöcher und Knöpfe anbringen.

Garderobe für größere Puppen

Hemd

(Farbabb. gegenüber Seite 80, unten)

Material: Gut eignen sich Baumwollstoff oder leichter Flanell.
Zubehör: Knöpfe

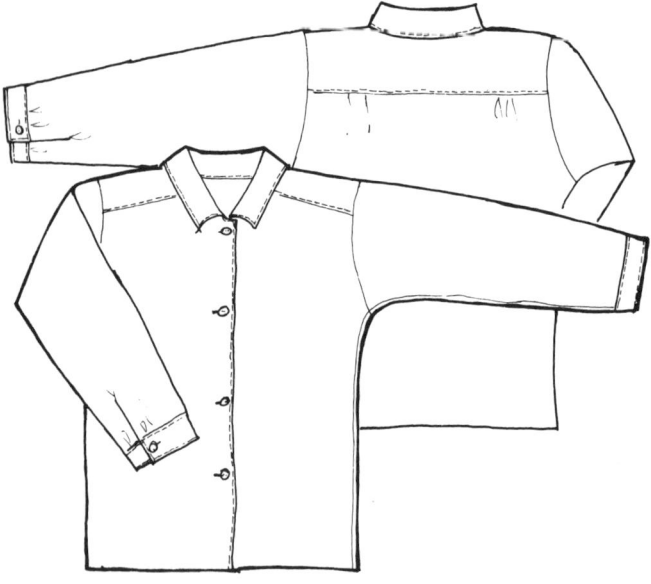

Schnitt: 1. Vorderteil, 2×. **2.** Rücken, 1× (hM = Stoffbruch).
3. Sattel, 1× (hM = Stoffbruch). **4.** Kragen, 2× (hM = Stoffbruch).
5. Ärmel, 2×. **6.** Manschette, 2×.

Hemd

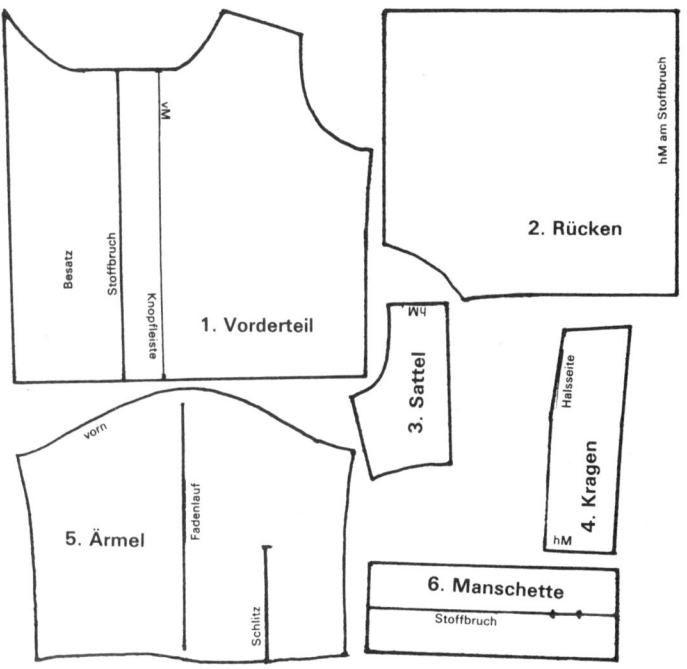

So wird genäht:

1. Belag an beiden Vorderteilen in der Bruchlinie nach hinten bügeln. **2.** Rücken oben zweimal einreihen. **3.** Reihfäden ziehen, bis der Rücken in der Breite mit dem Sattel übereinstimmt; Fältchen gleichmäßig verteilen. **4.** Sattel und Rücken verbinden. **5.** Sattel mit den Vorderteilen verbinden. **6.** Kragen nähen und wenden. **7.** Kragen wie bezeichnet in den Halsausschnitt nähen. **8.** Ärmel einnähen. **9.** Ärmelschlitze fertigstellen. **10.** Ärmel-Seitennähte schließen. **11.** Hemd am unteren Rand säumen. **12.** Ärmel unten zweimal einreihen. **13.** Manschetten nähen und wenden. **14.** Reihfäden ziehen, bis die Ärmelweite mit den Manschetten übereinstimmt. **15.** Manschetten an die Ärmel nähen. **16.** Manschetten und vordere Knopfleiste mit Knopflöchern und Knöpfen versehen.

Weste

(Farbabb. gegenüber Seite 80, unten)

Material: Gut eignen sich Leder, Lederimitation, Manchestersamt, gestreifter oder karierter Stoff.

Zubehör: Druckknöpfe zum Einschlagen. Die Randeinfassung schneiden Sie entweder aus dem Stoff oder einem anderen passenden Material.

Schnitt: 1. Vorderteil, 2×. **2.** Rücken, 2×. **3.** Taschen, 2×.

Weste

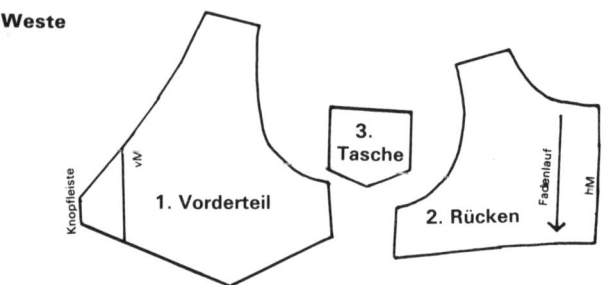

So wird genäht:

1. Schulternähte schließen. **2.** Hintere Mittelnaht schließen. **3.** Halsausschnitt und Armlöcher einfassen. **4.** Seitennähte schließen. **5.** Unteren Rand einfassen. **6.** Vordere Ränder einfassen. **7.** Taschen oben einfassen. **8.** Taschen auf die Vorderteile steppen. **9.** Vorn Druckknöpfe einschlagen.

Jeans

(Farbabb. gegenüber Seite 80, unten)

Material: Gut eignen sich Jeansstoff, Denim, Manchester, Twill u.a.

Zubehör: Reißverschluß und Druckknopf.

Schnitt: 1. Vorderhose, 2×, **2.** Seitenteil Tasche, 2×. **3.** Hinterhose, 2×. **4.** Passe hinten, 2×. **5.** Gesäßtasche, 2×. **6.** Hosenbund, 2×.

Jeans

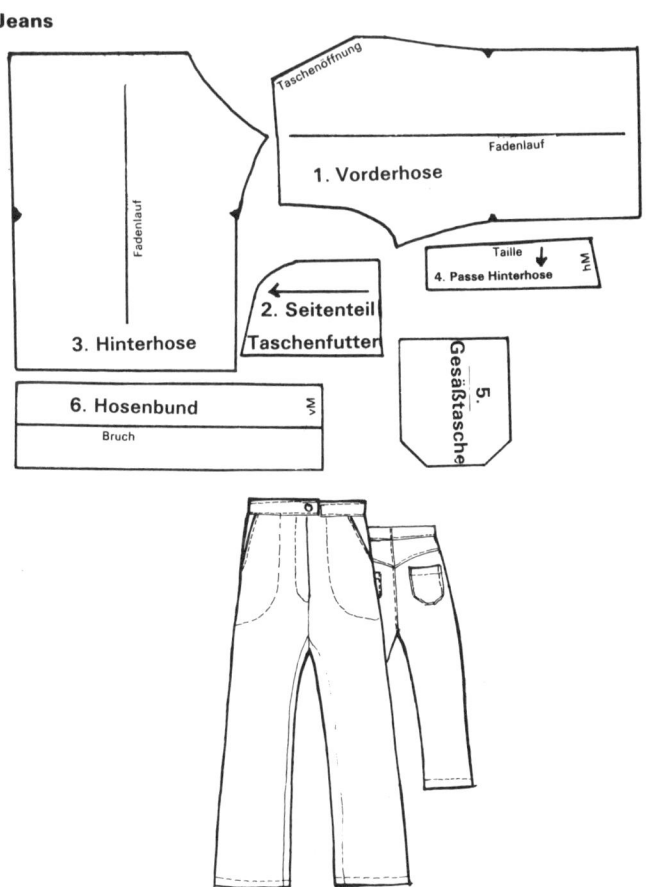

So wird genäht:

1. Taschenöffnungen säumen. **2.** Seitenteil mit der Hosentasche an die Vorderteile steppen. **3.** Passenteile an die Hinterhose nähen. **4.** Gesäßtaschen oben säumen. **5.** Stoffzugabe an den Taschen umlegen. **6.** Gesäßtaschen aufsteppen. **7.** Außennähte der Hosenbeine schließen. **8.** Hosenlänge einschlagen. **9.** Innennähte der Hosenbeine schließen. **10.** Kreuznaht bis zum Hosenschlitz schließen. **11.** Reißverschluß in den Hosenschlitz nähen. **12.** Bund in der hinteren Mitte zusammennähen. **13.** Hosenbund oben annähen. **14.** Einen Druckknopf in den Bund schlagen oder Knopfloch und Knopf anbringen.

Jeansoverall

(Farbabb. gegenüber Seite 81, oben, rechtes Modell)

Material: Gut eignen sich Jeansstoff, Denim, Manchester, Köper oder ähnliches.
Zubehör: Reißverschluß und Gummiband.

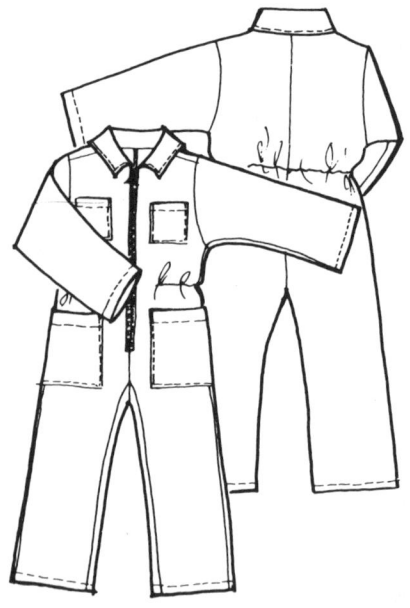

Schnitt: 1. Vorderteil, 2×. **2.** Große Tasche, 2×. **3.** Kleine Tasche, 2×. **4.** Rücken, 2×. **5.** Kragen, 2× (vM = Stoffbruch). **6.** Ärmel, 2×.

Jeansoverall

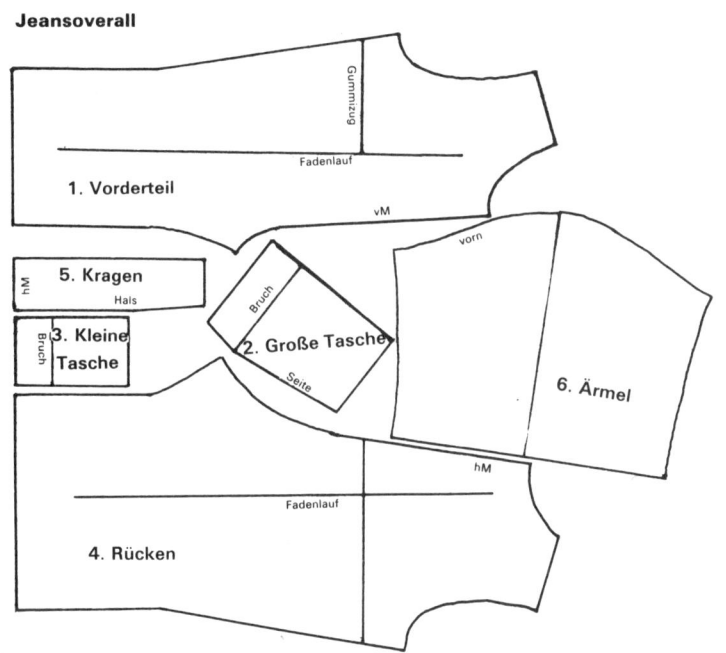

So wird genäht:

1. Die größeren Taschen oben säumen. **2.** Stoffzugabe vorn und unten nach hinten umschlagen. **3.** Taschen auf die Vorderteile steppen. **4.** Vorderteile und Rücken durch Schulternähte verbinden. **5.** Ärmel einnähen. **6.** Ärmel unten säumen. **7.** Ärmel-Seitennähte schließen. **8.** Hosenlänge einschlagen. **9.** An beiden Hosenbeinen Innennähte schließen. **10.** Beide Hälften durch Kreuznaht verbinden. (Ein Hosenbein umdrehen und in das andere stecken.) Die Naht reicht vorn nur etwa 3–4 cm hoch. **11.** Um den Bauch wird von links mit Zickzackstich ein gedehntes Gummiband direkt auf den Stoff genäht, um die Weite einzuhalten. **12.** Kragen nähen und wenden. **13.** Kragen in den Halsausschnitt nähen. **14.** Vorn Reißverschluß anbringen.

Gesmoktes Keid mit Raglanärmeln

(Farbabb. gegenüber Seite 81, oben, linkes Modell)

Material: Gut eignet sich einfarbige oder gemusterte Baumwolle.
Zubehör: Knöpfe und Zierband.

Schnitt: 1. Vorderteil, 1× (vM = Stoffbruch). **2.** Rücken, 2×.
3. Ärmel, 2×. **4.** Vorderteil Rock, 1× (vM = Stoffbruch). **5.** Rock
hinten, 2×.

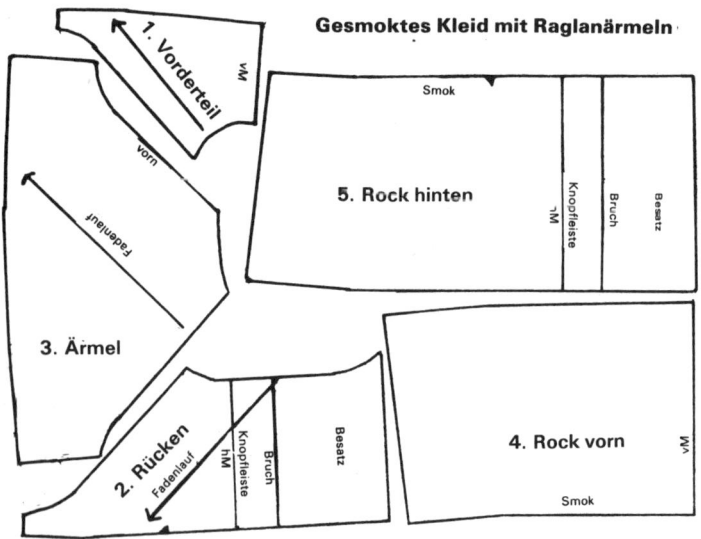

Gesmoktes Kleid mit Raglanärmeln

So wird genäht:

1. Ärmel an Vorderteil und Rücken nähen. In den Nähten Zierband
mitfassen. **2.** Ärmel mit Zierband einfassen. **3.** Rockteile zusammennähen. **4.** Rockweite durch Smokarbeit in gewünschter Höhe
einhalten (siehe S. 38). **5.** Oberteil mit dem Rock verbinden.
6. Rock säumen. **7.** Der untere Rockrand bekommt zwei gelegte
Falten auf »Zuwachs« **8.** Einschlag im Rücken beidseitig in den

104

Bruchlinien nach hinten legen. **9.** Halsausschnitt mit Zierband einfassen. **10.** Hinten an den Knopfleisten Knopflöcher und Knöpfe anbringen.

Praktisches zum Drüberziehen

Overall und Mütze

(Farbabb. gegenüber Seite 81, unten, rechtes Modell)

Material: Gut eignen sich Anorakstoffe, beschichtetes Material, Steppstoff oder mit Flanell abgefütterter Manchestersamt.

Zubehör: Reißverschluß und Strickleisten. Zwei Metallringe als Gürtelverschluß. Ein Stückchen Klettenband oder ein Knopf zum Schließen der Mütze. Streifen in abstechender Farbe.

So wird genäht:

Overall: 1. Taschen am oberen Rand säumen. **2.** Taschen seitlich einschlagen. **3.** Taschen auf die Vorderteile steppen. **4.** Vorder- und Hinterärmel zusammennähen (2×). **5.** Ärmel mit Vorderteil und Rücken verbinden. **6.** Ärmel unten säumen. **7.** Jeden Ärmel mit einem Streifen in abstechender Farbe verzieren. **8.** Ärmel-Seitennähte schließen. **9.** Hosenlänge einschlagen. **10.** Streifen in abstechender Farbe um jedes Hosenbein nähen. **11.** Innennähte der Hosenbeine schließen. **12.** Kreuznaht am Rücken beginnend bis etwa 2–3 cm am Vorderteil hochnähen. **13.** Eine gestrickte doppelte Leiste in den Halsausschnitt nähen (Leiste dehnen!). **14.** Vorn Reißverschluß einnähen. **15.** Gürtel nähen und stürzen. **16.** An einem Ende des Gürtels zwei metallene Verschlußringe befestigen.

Mütze: 1. Seitenteile mit dem Mittelteil verbinden. **2.** Am vorderen Rand eine gedehnte doppelte Strickleiste anbringen. **3.** Schließband nähen und stürzen. **4.** Klettenverschluß auf Band und Mütze nähen.

Schnitt: Overall: 1. Vorderteil, 2×. **2.** Tasche, 2×. **3.** Rücken, 2×.
4. Vorderärmel, 2×. **5.** Hinterärmel, 2×. **6.** Gürtel 1×. **Mütze:**
7. Seitenteil, 2×. **8.** Mittelteil, 1×. **9.** Schließband, 1×.

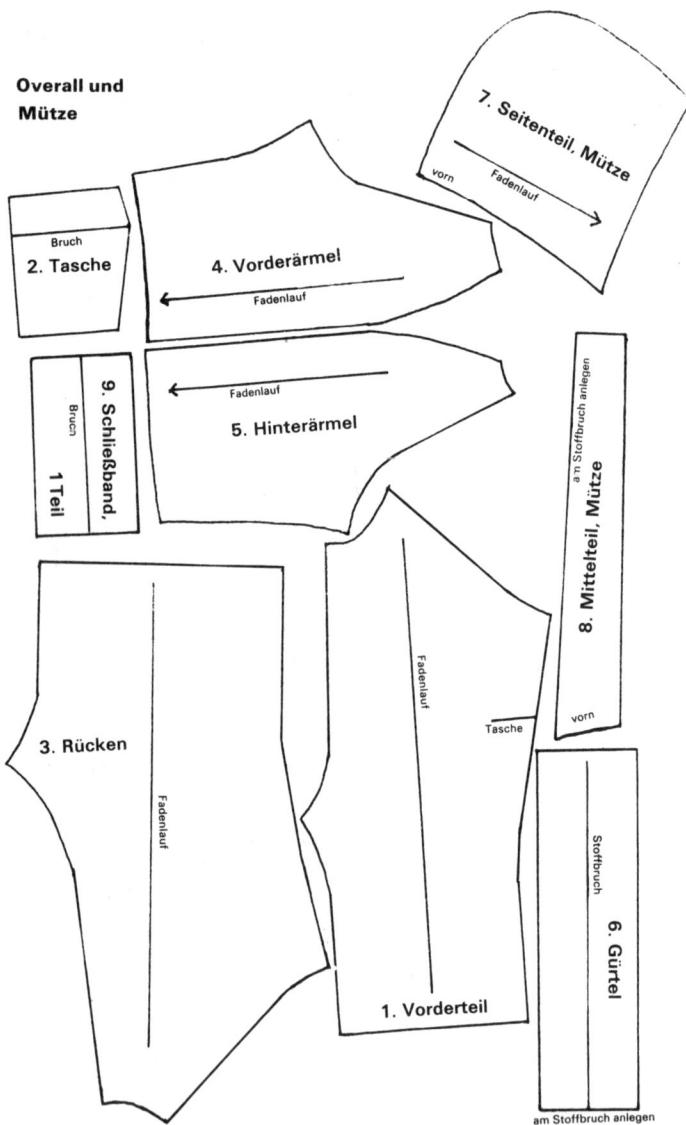

Overall und Mütze

7. Seitenteil, Mütze
vorn — Fadenlauf

Bruch
2. Tasche

4. Vorderärmel
Fadenlauf

9. Schließband,
Bruch
1 Teil

Fadenlauf
5. Hinterärmel

8. Mittelteil, Mütze
an Stoffbruch anlegen
vorn

3. Rücken

Fadenlauf

Tasche

Fadenlauf

Stoffbruch
6. Gürtel

1. Vorderteil

am Stoffbruch anlegen

Windjacke (Anorak) und Überziehhose

(Farbabb. gegenüber Seite 81, unten, linkes Modell)

Material: Gut eignen sich beschichtetes Material, Steppstoff, Manchester.

Zubehör: Druckknöpfe, Bändchen für die Kapuze und Schrägstreifen.

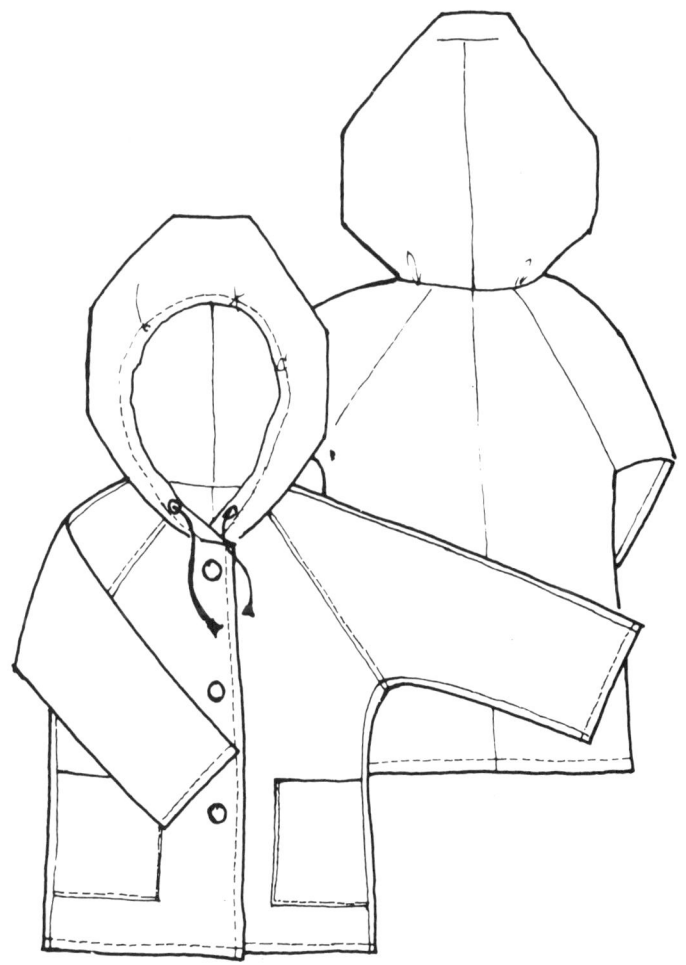

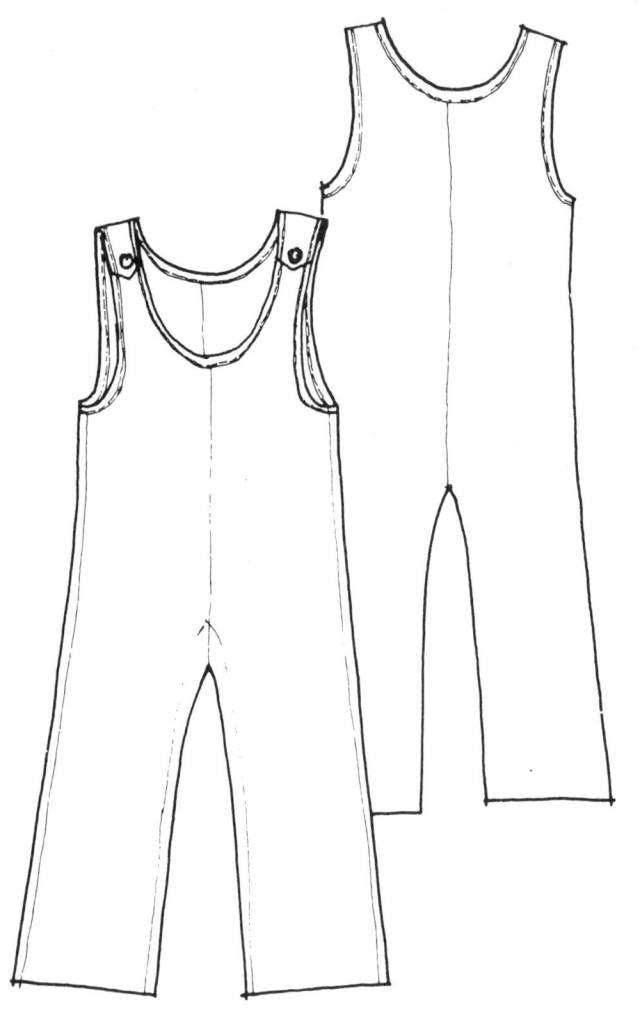

Schnitt: Jacke: 1. Vorderteil, 2×. **2.** Tasche, 2×. **3.** Rücken, 2×.
4. Vorderärmel, 2×. **5.** Hinterärmel, 2×. **6.** Kapuze, 2×.
Hose: 7. Vorderhose, 2×. **8.** Hinterhose, 2×.

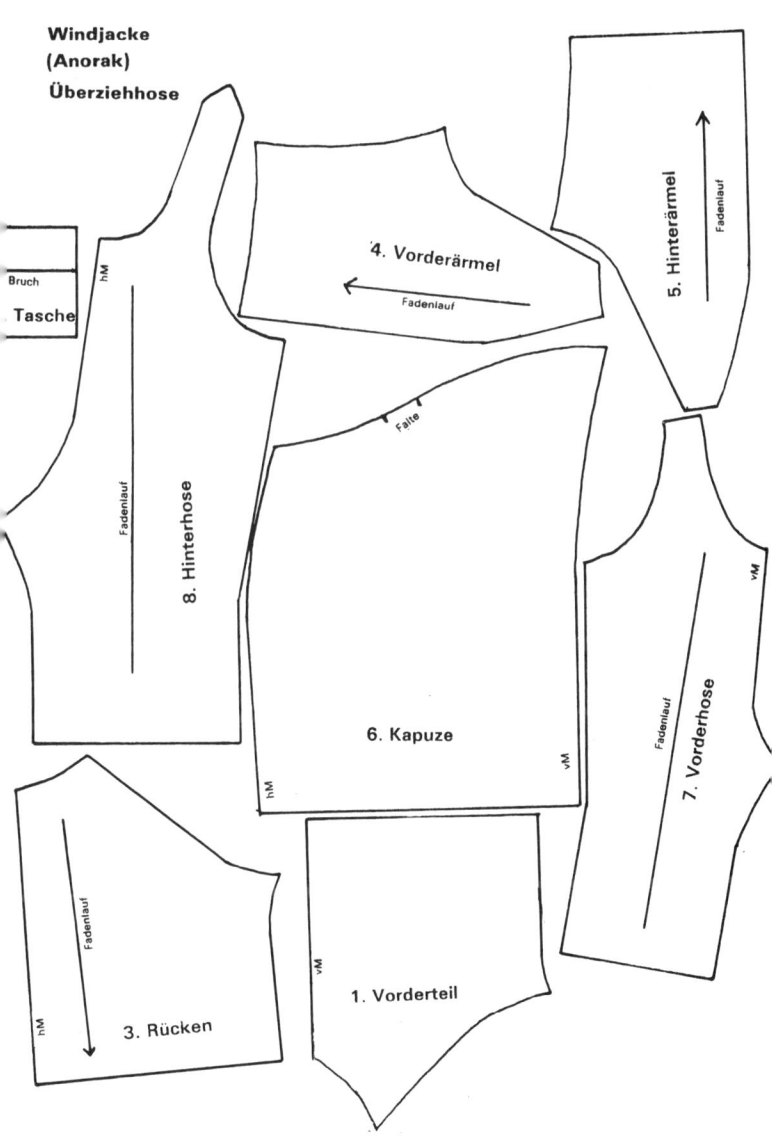

Windjacke
(Anorak)
Überziehhose

Bruch

Tasche

hM

Fadenlauf

8. Hinterhose

4. Vorderärmel — Fadenlauf

5. Hinterärmel — Fadenlauf

Falte

6. Kapuze

hM

vM

vM

Fadenlauf

7. Vorderhose

Fadenlauf

hM

3. Rücken

vM

1. Vorderteil

111

So wird genäht:

Windjacke: 1. Oberen Taschenrand säumen. **2.** Taschenränder seitlich und unten umschlagen. **3.** Auf jedes Vorderteil eine Tasche steppen. **4.** Mittlere Rückennaht schließen. **5.** Vorder- und Hinterärmel verbinden (2×). **6.** Beide Raglanärmel an Vorderteil und Rücken einsetzen. **7.** Ärmel- und Seitennähte schließen. **8.** Jacke unten einschlagen. **9.** Kapuzenteil in der hinteren Mitte zusammennähen. **10.** Die Kapuzenspitze eventuell quer abnähen. **11.** Kapuze oben zusammennähen, Rand breit einschlagen. **12.** Unten ein Knopfloch schürzen. **13.** Kapuze vorn etwa 2 cm vom Rand durchsteppen. **14.** Kapuze mit Stecknadeln im Halsausschnitt befestigen. Bei zu großer Schulterweite eine Falte legen! **15.** Kapuze annähen. **16.** Vorderteile in der Bruchlinie umschlagen und Bändchen durch-

Oben: Die weißen Schuhe wurden aus Lammfell gefertigt, die Haut zeigt nach außen (Beschreibung Seite 118).
Die grauen Filzstiefel haben am Rand eine Verzierung aus Kettenstichen. Der Ösenverschluß wird geschnürt (Beschreibung Seite 119).
Die festlichen blauen Schühchen sind aus Manchestersamt und passen zu Hut und Mantel von Seite 116.

Unten links: Wollreste in verschiedenen Grünschattierungen wurden für diesen Strickanzug verwendet (Beschreibung Seite 124 ff.). Der Pullover entstand im Halbpatent-Muster, Gamaschenhose und Fäustlinge sind glatt gestrickt (Mütze Seite 95 f., Schuhe Seite 118).

Unten rechts: Die beiden Hausanzüge sind aus Baumwollgarn gestrickt. Der blaue Overall hat Bündchen an Arm- und Fußgelenken (Beschreibung Seite 134 ff.). Der rosa Anzug rollt sich von selber ein, da gleich im Trikotmuster begonnen wurde (Beschreibung Seite 136).
Nach dieser Arbeitsanleitung kann auch mit feiner Wolle gestrickt werden.

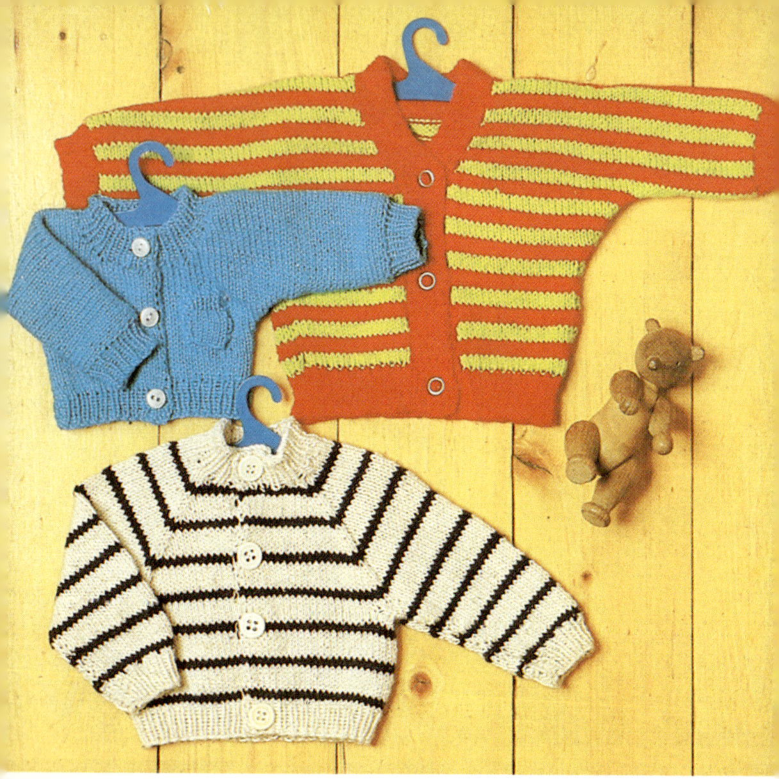

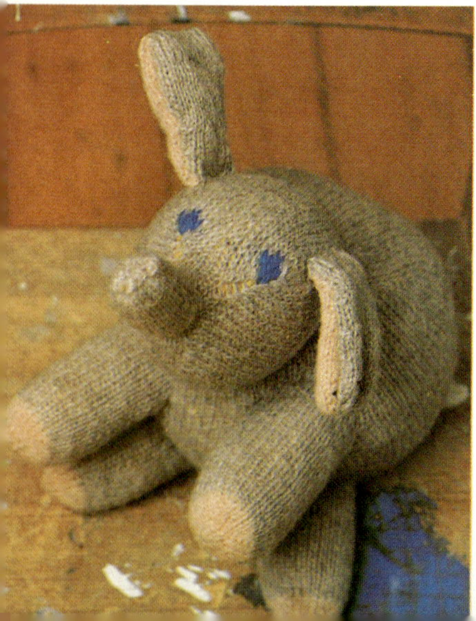

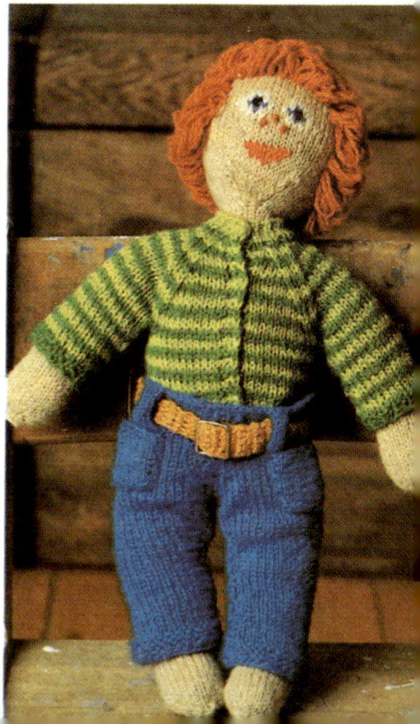

ziehen. **17.** Wenn es Ihnen Spaß macht, können Sie die Jacke mit einem Futter nach dem gleichen Schnitt versehen, sie sogar als Wendejacke schneidern. **18.** Druckknöpfe in die Knopfleisten schlagen oder Knopflöcher und Knöpfe anbringen.

Hose: 1. An beiden Beinen Außennähte schließen. **2.** Beinlänge angleichen und säumen. **3.** Innennähte schließen. **4.** Beide Hälften durch Kreuznaht verbinden. (Einen Teil nach rechts drehen und in das andere Hosenbein stecken.) **5.** Halsausschnitt und Armlöcher mit Schrägstreifen einfassen. **6.** Druckknöpfe in die Träger schlagen oder Knopflöcher und Knöpfe anbringen.

Oben: Die rot-hellgrün gestreifte Jacke wird in einem Stück gestrickt. Man beginnt am unteren Rand des Rückens und schließt die Arbeit am unteren Rand der Vorderteile ab (Beschreibung auf Seite 127f.).

Das blaue Jäckchen ist eine Variante desselben Modells, doch wurde ein runder Halsausschnitt gewählt und eine kleine Brusttasche aufgesetzt (Beschreibung Seite 128).

Die weiß-blau gestreifte Strickjacke hat Raglanärmel (Beschreibung Seite 130).

Alle Modelle werden mit Druckknöpfen geschlossen, doch wirkt es auch hübsch, wenn richtige Knöpfe aufgenäht werden.

Unten links: So recht zum Liebhaben ist dieser graue Elefant. Stricken Sie das Tier aus Wolle oder Baumwolle. Es wird mit Polyesterwatte oder Schaumstoff ausgestopft (Beschreibung Seite 137f.).

Unten rechts: Für ein kleines Kind ist die Puppe aus Wolle oder Baumwolle gerade richtig zum Liebhaben. Ausgestopft wird sie mit Kunstfaserwatte. Mund und Augen entstehen aus Maschenstichen; das in Schlingenknoten eingeknüpfte Haar geht nicht aus (Beschreibung Seite 139f.).

Fußsack

Material: Gut eignen sich beschichtetes Material verschiedener Qualität, Steppstoff (wattiert), Manchestersamt.
Zubehör: Reißverschluß, Gummiband oder Bändchen für die Kapuze.

Schnitt: 1. Vorderteil, 2×. **2.** Rücken, 2×. **3.** Kapuze, 2×.
4. Vorderärmel, 2×. **5.** Hinterärmel, 2×.

Fußsack

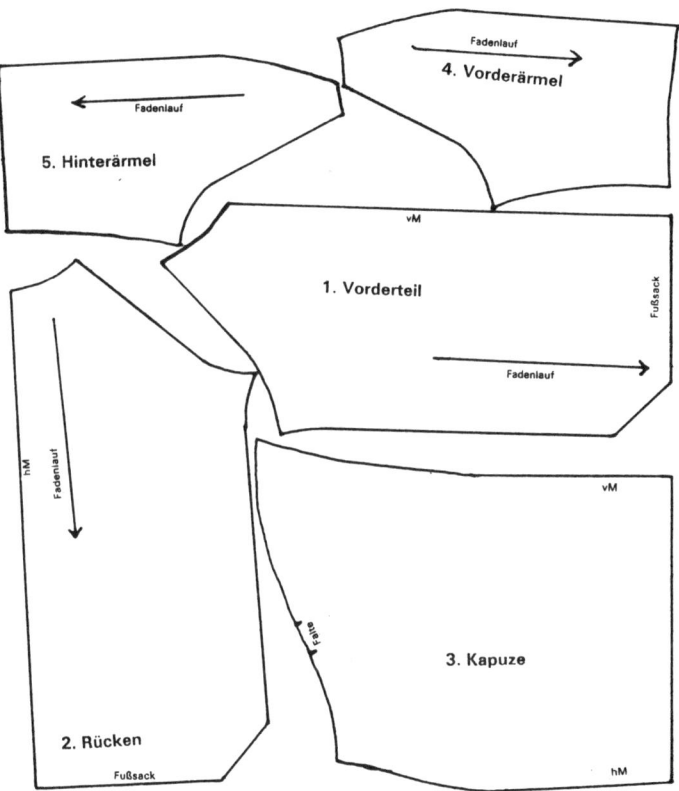

So wird genäht:

1. Mittlere Rückennaht schließen. **2.** Vordere Mitte von unten ca. 5 cm hochnähen. **3.** Reißverschluß vorn einnähen. **4.** Raglanvorder- und -hinterärmel verbinden (2×). **5.** Ärmel in den Fußsack einnähen. **6.** Ärmel unten einschlagen und säumen. **7.** Ärmel-Seitennähte schließen. **8.** Sack unten zusammennähen. **9.** Ecken schräg abnähen.
Kapuze: siehe Jacke Seite 109.

115

Mantel und Hut

(Farbabb. gegenüber Seite 81, unten, mittleres Modell)

Material: Gut eignen sich Manchester, Popeline, beschichteter Stoff oder Wollstoff.
Zubehör: Knöpfe.

Schnitt: Mantel: 1. Vorderteil, 2×. **2.** Tasche, 2×. **3.** Rücken, 2×. **4.** Vorderärmel, 2×. **5.** Hinterärmel, 2×. **6.** Kragen, 2×.
Hut: 7. Keil, 6×. **8.** Krempe doppelt (vM = Stoffbruch).

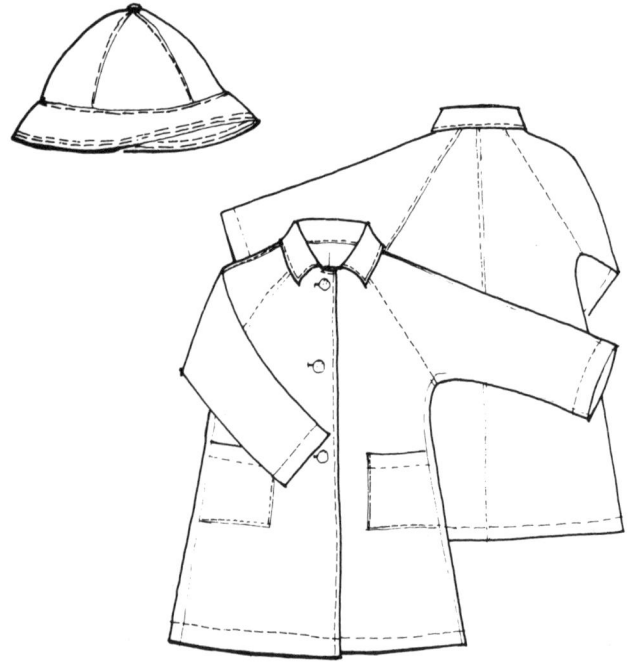

So wird genäht:

Mantel: 1. Obere Taschenränder säumen. **2.** Stoff an den Taschenrändern einschlagen. **3.** Taschen auf die Vorderteile steppen. **4.** Mittlere Rückennaht schließen. **6.** Raglanärmel mit Vorderteil

116

und Rücken verbinden. **7.** Ärmellänge einschlagen, säumen. **8.** Ärmel-Seitennähte schließen. **9.** Mantellänge einschlagen, säumen. **10.** Besatz an den Vorderteilen in der Bruchlinie nach innen umschlagen. **11.** Kragen nähen und wenden. **12.** Kragen in den Halsausschnitt nähen. **13.** An der vorderen Knopfleiste Knopflöcher und Knöpfe anbringen.

Hut: 1. Je drei Keile zusammennähen. **2.** Die zusammengefügten Teile aufeinanderlegen und den Kopf durch eine Naht fertigstellen. **3.** Krempe zusammennähen und wenden. **4.** Hut zwischen beide Krempenteile fassen und steppen. **5.** Rand eventuell mit Steppnähten verzieren. **6.** Wo die Keilnähte zusammenlaufen, einen Knopf aufnähen.

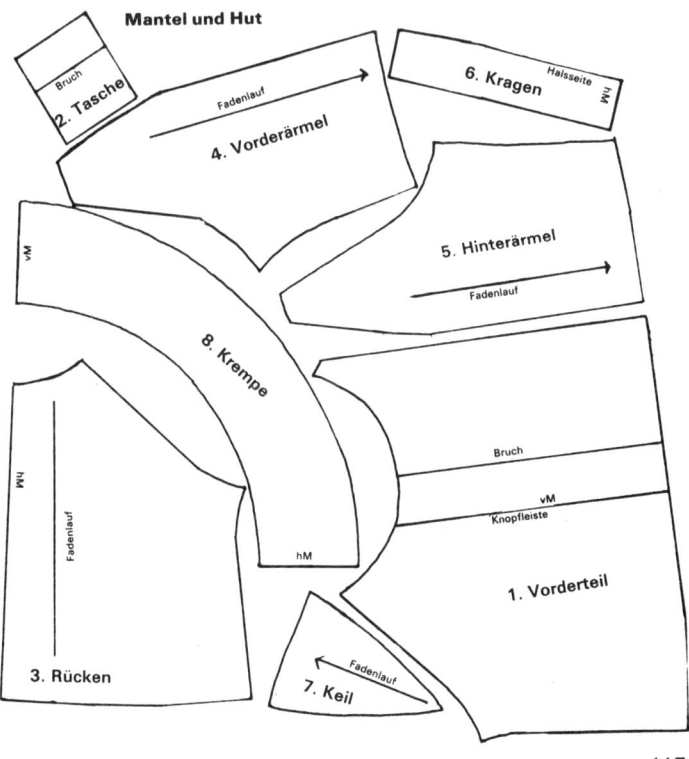

Schuhe

Lammfellschuhe

(Farbabb. gegenüber Seite 112, oben links)

Material: Gut eignen sich Lamm- oder Kaninchenfell, alter Pelz
oder auch Fellimitation.
Zubehör: Wollfäden oder Schuhband.

Schnitt: 1. Sohle, 2×. **2.** Seitenteil, 4×. **3.** Zunge, 2×.

So wird genäht:

1. Nähte über den Schuhspitzen schließen. **2** An jede Ristöffnung
eine Zunge nähen. **3.** Hintere Naht schließen. **4.** Schuhoberteil an
die Sohle nähen. **5.** Schnürlöcher in den Schaft stanzen oder stechen. **6.** Schuhbänder einfädeln.

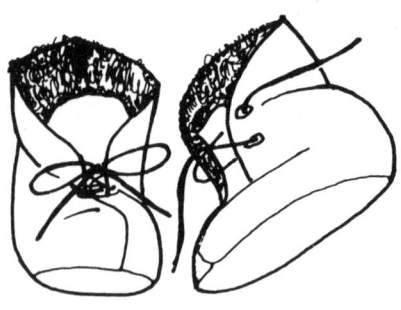

Filzstiefel

(Farbabb. gegenüber Seite 112, oben rechts)

Material: Gut eignen sich dickerer Filz, Loden, fester Wollstoff oder Lederimitation.

Zubehör: Verschlußösen, Moulinégarn zum Verzieren, Schuhbänder.

Schnitt: 1. Sohle, 4×. **2.** Seitenteile, 4×. **3.** Zunge, 2×.

So wird's gemacht:

1. Je zwei Sohlen mit der Maschine zusammennähen. **2.** Je zwei Seitenteile von rechts über der Spitze zusammennähen. **3.** An jeder Ristöffnung eine Zunge befestigen. **4.** Beidseitig je drei Ösen an die Schäfte nähen. **5.** Hintere Mittelnaht von rechts schließen. **6.** Schuhoberteil an die Sohle nähen. **7.** Schuh rundherum im Kettenstich mit Moulinégarn verzieren. **8.** Schuhbänder in die Ösen ziehen.

Lederschuhe und Filzstiefel

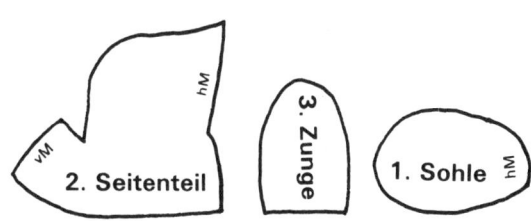

Sonntagsschuhe aus Manchestersamt

(Farbabb. gegenüber Seite 112, oben Mitte)

Material: Gut eignen sich Manchester, dickerer Stoff, Leder oder Lederimitat.

Zubehör: Knöpfe oder Spangen als Verzierung. Vlieseline zum Versteifen weicheren Materials.

Schnitt: 1. Sohle, 2×. 2. Schuhspitze, 4×. 3. Fersenkappe, 4×. 4. Schleife, 2×.

Sonntagsschuhe

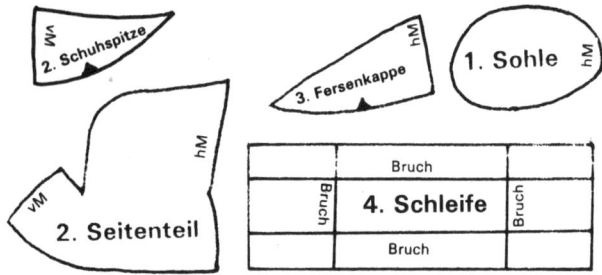

So wird's gemacht:

1. Je zwei Schuhspitzen durch Mittelnaht verbinden. 2. Beide Fersenkappen durch Mittelnaht verbinden. 3. Ränder einfassen oder umstechen. 4. Schuhspitzen so mit der Fersenkappe verbinden, daß der Umfang mit der Sohle übereinstimmt. 5. Oberteil an die Sohle nähen. 6. Schleifchen falten und auf den Schuh nähen. 7. Zierknopf oder Schnalle befestigen.

120

Strickkleidung

Ein paar Ratschläge vor Arbeitsbeginn

Die Modelle sind für die Puppengrößen 30/37/44/51 cm (Tabelle Seite 43) berechnet.

Machen Sie immer eine Strickprobe! Bei der im Buch angegebenen Maschenzahl ergeben 28 Maschen und 40 Reihen glatt rechts gestrickt (Trikotmuster/rechte Seite = rechte Maschen, linke Seite = linke Maschen) mit Nadeln Nr. 2½ = 10×10 cm.

Das geht so: Mit Nadeln Nr. 2½ werden ca. 40 Maschen angeschlagen und 45 Reihen glatt gestrickt. Abketteln. Auf das Gestrickte mit Kreide ein Quadrat von 10×10 cm zeichnen. Die Maschen und die Reihen innerhalb des Vierecks auszählen.

Stimmt das Ergebnis nicht mit den obigen Angaben (28 M/40 R) überein, wird der Vorgang mit dünneren oder dickeren Nadeln wiederholt. Zu empfehlen ist immer eine dünnere Wollqualität oder Baumwollgarn.

Für das Rippenmuster (1 re, 1 li im Wechsel) werden durchwegs Nadeln Nr. 2 verwendet, für die glatte Strickweise Nadeln Nr. 2½ bis Nr. 3. Bei einigen Modellen sind Strumpfstricknadeln der entsprechenden Stärke erforderlich.

»glatt«   = Trikotmuster (vorn re, hinten li);
»kraus«   = alle R in Rechtsmaschen stricken;
Rippenmuster = 1 M re, 1 M li im Wechsel (Bündchen).

Maschenstich

Schlingenknoten (Ryaknoten)

Gerippter Schal aus Wollresten

(Farbabb. gegenüber Seite 81, unten, linkes Modell)

Material: Ca. 50 g Wolle. Stricknd Nr. 2½. Für die Fransen eine Häkelnd.

Auf Nd Nr. 2½ 14–16 M anschlagen und im Rippenmuster (1 re, 1 li M) stricken.

1. R: ✻ 1 re, 1 li ✻ im Wechsel. Von ✻ bis ✻ wiederholen.

2. R und folgende: re M auf re, li auf li stricken. Bei einer Länge von 50–60 cm wird der Schal abgekettet.

Bei *Farbwechsel:* Anstricken, wo der Faden zu Ende ist, auch wenn Sie mitten in der Reihe sind. Der Anfang des neuen Fadens wird über das noch 6–8 cm lange Ende des alten gelegt. Dann strickt man einige M mit beiden Fäden weiter, bis die neue Farbe allein läuft (Enden vernähen!).

Dieser Schal im Rippenmuster entstand aus Wollresten.
Den Mützenschnitt finden Sie auf Seite 95 f.

Fransen: Fäden von ca. 10 cm Länge schneiden und doppelt legen. Mit einer Häkelnd wird die Wolle nun an den Schalenden durch das Gestrick gezogen, indem man die Fadenenden durch die entstandene Schlinge holt und diese dann fest anzieht.

In jede angeschlagene (abgekettete) M kommt ein Fransenknoten.

Strickanzug und Fäustlinge

(Farbabb. gegenüber Seite 112, unten links)

Material: 100 g Wolle und Wollreste andersfarbig. Nd Nr. 2 und Nr. 2½. Je 1 Spiel Strumpfstricknd Nr. 2 und Nr. 2½ und eventuell eine Rundnd.

Pullover

Rücken: Auf Nd Nr. 2: 32/38/46/52 M anschlagen und ein Bündchen von 2/2/3/3 cm Höhe im Rippenmuster stricken. Nun das Muster mit Nd Nr. 2½ fortsetzen.

Halbpatent: 1. R (Vorderseite): RM ✽ 1 re, 1 M abheben, dabei Faden hinter der M mitlaufen lassen ✽. Den Vorgang von ✽ bis ✽ wiederholen.

2. R (Rückseite): RM ✽ M abstricken, wie sie erscheinen, re rechts, li links ✽.

Diese beiden R werden in stetigem Wechsel wiederholt. Nach 5, 6, 7, 8 cm vom Anschlag fünfmal in jeder zweiten R beidseitig nach der RM eine M zunehmen und wieder 5, 6, 7, 8 cm stricken.

Die mittleren 18/20/22/24 M für den Halsausschnitt abketten und jede Schulter (12/14/17/19 M) noch 2 cm hoch stricken.

Vorderteil: Auf Nd Nr. 2: 32/38/46/52 M anschlagen und ein 2/2/3/3 cm breites Bündchen stricken. Mit Nd Nr. 2½ im Muster 5/6/7/8 cm vom Anschlag weiterstricken. Danach fünfmal in jeder zweiten R beidseitig je 1 M aufnehmen und 3/4/5/6 cm stricken.

Für den Halsausschnitt die 12/14/16/18 mittleren M abketten und jede Schulter für sich fertigstellen. Dabei wird jedesmal an der Halsseite 1 M abgenommen, bis noch 12/14/17/19 M auf der Nd liegen. Weiterstricken, bis das »Armloch« 7/8/9/10 cm hoch ist. Abmaschen. Eine Schulter zusammennähen.

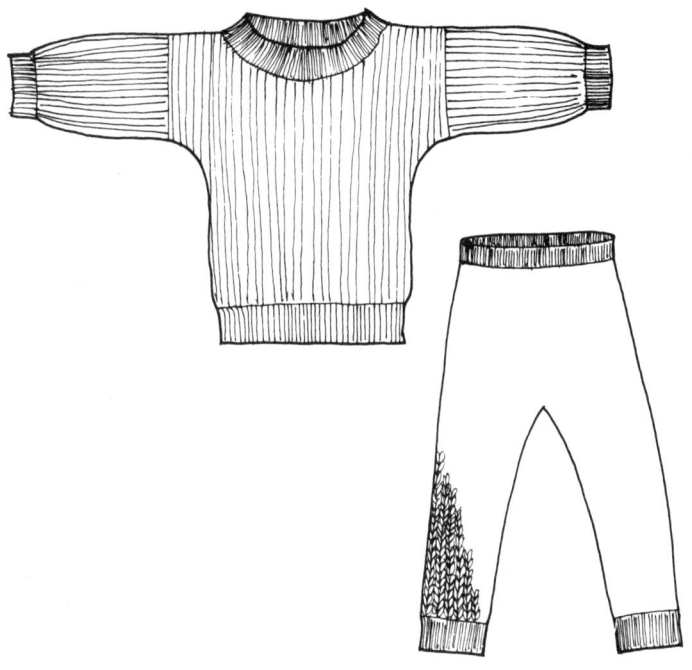

Gamaschenhose

Oberer Rand: 64/76/92/104 M auf Nd Nr. 2 anschlagen. M gleichmäßig auf 4 Stricknd verteilen und zu einem Ring schließen. 2/2/3/3 cm Rippenmuster stricken. Mit Nd Nr. 2½ im Trikotmuster weitermachen.

Die Hose ist hinten etwas höher. Dafür stricken Sie auf der 1. Nd 4/4/5/5 M; wenden, zurückstricken und auf der 4. Nd ebenfalls 4/4/5/5 M stricken. Wenden. Nun auf der 1. Nd 8/8/10/10 M stricken. Wenden. 8/8/10/10 M auf der 4. Nd stricken. Wenden. Bei jedem Zurückstricken werden auf jeder Seite immer 4/4/5/5 M dazugestrickt, bis 16/16/20/20 M auf den Nd 1 und 4 liegen. Jetzt wird in der Runde 2/3,5/5/6,5 cm weitergestrickt. Für den Zwickel vorn und hinten wird am Anfang der 1. und 3. Nd sowie am Ende der 2. und 4. Nd je 1 M zugenommen (= 4 M mehr in jeder Rd). Auf diese Weise wird in jeder 4. Rd insgesamt fünfmal zugenommen.

Rechtes Bein: Die 42/48/56/62 M der 1. und 2. Nd werden auf eine (Rund-)Nd oder einen Faden gefaßt. Die 42/48/56/62 M der 3. und 4. Nd verteilen Sie gleichmäßig auf 4 Nd und stricken 4 Rd.

Abnehmen: Dazu werden die 2 ersten M der 1. Nd sowie die 2 letzten M der 4. Nd zusammengestrickt. In dieser Weise nehmen Sie in jeder 4. Rd ab, bis noch 30/34/38/42 M übrig sind.

Wenn das Bein 6/9/11/13 cm lang ist, gehen Sie wieder auf Nd Nr. 2 über. Nach 2/2/3/3 cm Rippenmuster wird abgekettet.

Sie fassen die Maschen für das linke Bein auf 4 Nd und stricken genauso wie beim rechten Bein.

Alle Fäden vernähen.

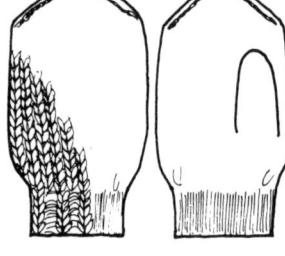

Fäustlinge

20/24/28/32 M auf Nd Nr. 2 anschlagen; gleichmäßig auf 4 Nd verteilen und zu einem Ring schließen. 2/2/3/3 cm Bündchen in re-li-Rippen stricken, mit Nd Nr. 2½ im Trikotmuster glatt fortsetzen.

Rechter Handschuh: Für den Daumen 5/6/7/8 M der 1. Nd auf einen Faden (Sicherheitsnadel) fassen. Entsprechend 5/6/7/8 neue M anschlagen. 2,5/3/3,5/4 cm hoch stricken.

Abnehmen: Auf der 1. und 3. Nd die beiden ersten M von vorn rechts zusammenstricken. Die 2 letzten M der 2. und 4. Nd von hinten zusammenstricken. Das Abnehmen in jeder Runde fortsetzen, bis auf jeder Nd nur noch 1 M liegt.

Faden abreißen, durch alle 4 M ziehen, vernähen.

Daumen: Die für den Daumen aufgefaßten 5/6/7/8 M und auch den neuen Anschlag (5/6/7/8 M) auf die Nd nehmen. Die M gleichmäßig auf 4 (Finger-)Stricknd verteilen und 1/1/1,5/2 cm in der Rd stricken. Abnehmen. Faden abreißen, durch die 4 Restm ziehen; vernähen.

Linker Handschuh: 5/6/7/8 M der 2. Nd auffassen und dafür 5/6/7/8 neue M anschlagen. 2,5/3/3,5/4 cm hoch stricken. Abnehmen wie oben.

Daumen wie beim rechten Fäustling stricken.

Quergestreifte Strickjacke mit V-Ausschnitt

(Farbabb. gegenüber Seite 113, oben, rot-grün gestreiftes Modell)

Material: 2×50 g dünne Wolle oder Baumwolle. Stricknd Nr. 2 und Nr. 2½. Patentdruckknöpfe.

Maschenprobe: Mit Nd Nr. 2½ ergeben bei der hier angegebenen Maschenzahl 28 M und 40 R, glatt gestrickt (Trikotmuster) = 10 cm². Gehen Sie vor, wie auf Seite 121 f. beschrieben, nehmen Sie eventuell dünnere oder dickere Nd.

Rücken: 35/42/49/56 M auf Nd Nr. 2 anschlagen. 2,5/3/3,5/4 cm im Rippenmuster stricken. Mit Nd Nr. 2½ glatt im Trikotmuster weitermachen.

Streifen: 4 R rot, 4 R grün im Wechsel bis 4/6/8/10 cm Höhe vom Anschlag stricken.

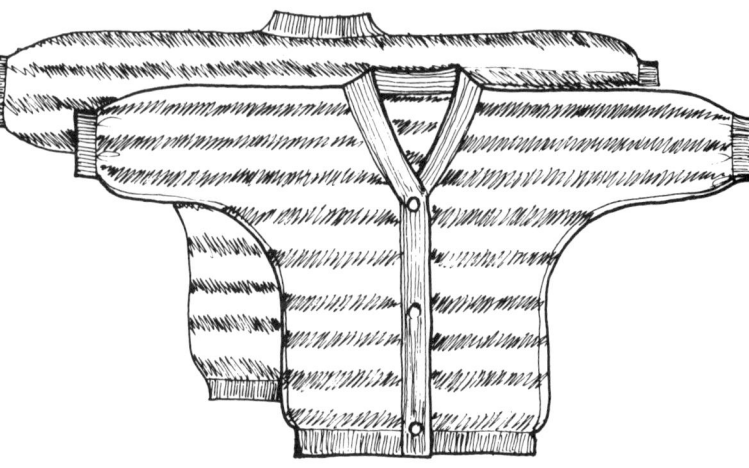

Ärmel: Für die Ärmel 5/6/7/8 Mal in jeder 2. R beidseitig je 1 M zunehmen. An jeder Seite 14/17/24/30 M dazu anschlagen. Weiterstricken, bis vom Anschlag 11/14,5/18/21,5 cm erreicht sind. Für den *rechten Ärmel* werden 28/36/44/53 M von rechts hereingestrickt, dann für den Hals 17/20/23/26 M abgekettet und für den linken Ärmel 28/36/44/53 M auf eine Hilfsnadel oder einen Faden gelegt.

Stricken Sie erst den rechten Ärmel fertig.

Am Halsausschnitt wird zweimal nach jeder 2. Nd je 1 M abgenommen. 4 cm stricken. Für den V-Ausschnitt vorn 5/6/7/8 Mal nach jeder 4. Nd 1 M zunehmen. Bei einer Ärmelbreite von 9/11/13/15 cm werden – von außen her – 14/17/24/30 M gleichzeitig abgekettet. In jeder 2. R nehmen Sie immer nach der äußeren RM 5/6/7/8 Mal je 1 M ab. Das gestreifte Trikotmuster und das Bündchen werden übereinstimmend mit dem Rücken fertiggestrickt.

Sie stellen den linken Ärmel gegengleich zum rechten fertig.

Ärmelbündchen: Mit Nd Nr. 2 an den Ärmelrändern je 22/26/30/34 M auffassen und 3 cm re-li im Rippenmuster stricken. Jacke zusammennähen.

Einfassung: Mit Nd Nr. 2 14 M anschlagen. Im Rippenmuster einen Streifen stricken, der so lang ist wie Vorderkanten und Halsausschnitt. Gemessen wird an der fertigen Jacke. Abketten und Strickleiste doppelt annähen. Patentdruckknöpfe dienen als Verschluß.

Jacke mit rundem Ausschnitt

(Farbabb. gegenüber Seite 113, oben, blaues Modell)

Material: 50–100 g Wolle, Stricknd Nr. 2 und Nr. 2½. Druckknöpfe und Zierknöpfe.

Rücken: 35/42/49/56 M mit Nd Nr. 2 anschlagen. Geripptes Bündchen (1 re, 1 li) 2,5/3/3,5/4 cm hoch stricken.

Mit Nd Nr. 2½ bis zu einer Höhe von 4/6/8/10 cm glatt im Trikotmuster weiterstricken.

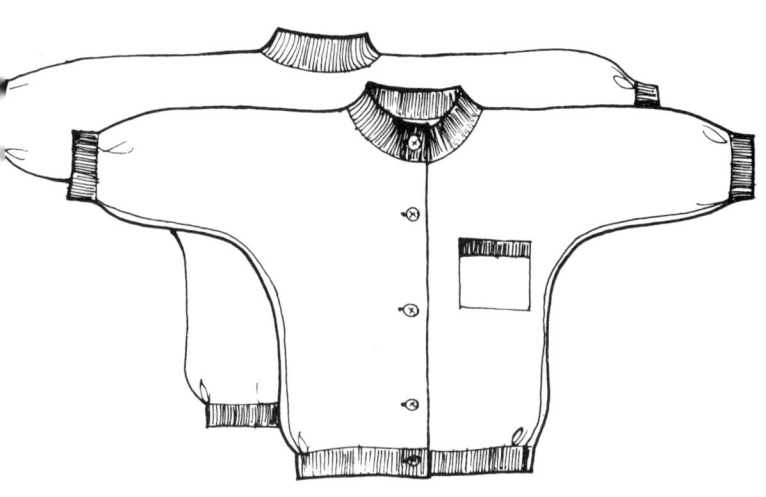

Ärmel: Für die Ärmel an jeder Seite 5/6/7/8 Mal in jeder zweiten R 1 M zunehmen. Dann 14/17/24/30 M an jeder Seite zusätzlich anschlagen und bis zu einer Gesamthöhe von 11/14,5/18/21,5 cm stricken.

Von außen her für den rechten Ärmel 28/36/44/53 M zur Mitte stricken und für den Hals 17/20/23/26 M abketten. Die 28/36/44/53 M des linken Ärmels werden auf eine Hilfsnd oder einen Faden genommen.

Es geht mit dem *rechten Ärmel* weiter: Sie nehmen zweimal nach jeder 2. Nd am Hals nach der RM 1 M ab und stricken 3 cm. Sie nehmen für den vorderen Halsausschnitt nach der RM in jeder 2. R 5/6/7/8 Mal je 1 M zu. 14 M werden jetzt zur Mitte hin zusätzlich angeschlagen. Bei einer Ärmelweite von 9/11/13/15 cm werden 14/17/24/30 M gleichzeitig abgekettet. Danach nehmen Sie 5/6/7/8 Mal in jeder 2. R nach der RM 1 M ab.

Der Teil wird übereinstimmend mit dem Rücken fertiggstellt und abgekettet.

Die M für den *linken Ärmel* nehmen Sie auf eine Nd und stricken das *linke Vorderteil* gegengleich zum rechten fertig.

Ärmelbündchen: Mit Nd Nr. 2 werden 22/26/30/34 M aufgefaßt und 3 cm Rippenmuster gestrickt. Abketten.

Halsausschnitt: Mit Nd Nr. 2 fassen Sie 60/64/68/70 M gleichmäßig in der Rundung auf. 3 cm Bündchen im Rippenmuster (1 re, 1 li) stricken, abketten.

Jacke zusammennähen. Zum Schließen werden vorn Druckknöpfe angenäht und von außen drei Zierknöpfe aufgesetzt.

Tasche: 6/8/10/12 M werden mit Nd Nr. 2½ glatt im Trikotmuster gestrickt. Bei einer Höhe von 2,5/2,5/3/3,5 cm mit Nd Nr. 2 noch 4 R Rippenmuster stricken. Abketten. Tasche auf das Jäckchen nähen.

Raglanjacke

(Farbabb. gegenüber Seite 113, oben, weiß-blau gestreiftes Modell)

Material: 2×50 g Wolle. Stricknd Nr. 2 und Nr. 2½. Druckknöpfe und Zierknöpfe.

Rücken: 36/42/50/56 M mit Nd Nr. 2 anschlagen. Bund im Rippenmuster 3 cm hoch stricken. Mit Nd Nr. 2½ glatt im Trikotmuster fortsetzen.

Streifenmuster: 2 R blau, 4 R weiß im Wechsel bis zu einer Gesamthöhe von 4/6/8/10 cm stricken. In der letzten Reihe werden auf jeder Seite je 3 M gleichzeitig abgekettet. Die M des Rückens auf eine Hilfsnd legen und mit dem rechten Vorderteil beginnen.

Rechtes Vorderteil: 24/27/31/34 M auf Nd Nr. 2 anschlagen und 3 cm Rippenmuster für das Bündchen stricken. Mit Nd Nr. 2½ glatt im Trikotmuster fortsetzen, bis 4/6/8/10 cm erreicht sind. In der letzten R an jeder Seite gleichzeitig je 3 M abketten. Restliche M auf eine Hilfsnd nehmen.

Das *linke Vorderteil* wird gegengleich zum rechten gestrickt.

Ärmel: 22/26/30/34 M auf Nd Nr. 2 anschlagen. 3 cm Rippenmuster stricken. Mit Nd Nr. 2½ glatt im Trikotmuster fortsetzen. In jeder 4. R beidseitig nach der RM 1 M zunehmen, bis 36/42/48/54 M erreicht sind.

Bei einer Ärmellänge von 7/9/11/13 cm werden an jeder Seite gleichzeitig je 3 M abgekettet.

Stricken Sie den anderen Ärmel genauso.

Passe: Das Rechtsmaschenbild zeigt nach vorn. Nehmen Sie alle Teile in der Reihenfolge: Vorderteil rechts – Ärmel – Rücken – Ärmel – Vorderteil links auf eine lange Nd Nr. 2½. Das ergibt 132/156/184/208 M. 3 R darüberstricken. 5. R, Vorderseite.

An den 4 »Nahtstellen«, also dort, wo die Teile zusammenlaufen, werden in jeder 2. Rechtsmaschenreihe 8 M durch Zusammenstricken von je 2 M abgenommen: Vorderteil 2, Ärmel vorn und hinten je 2, Rücken 2×2, Ärmel 2×2, Vorderteil 1×2, bis noch 52/60/68/70 M auf der Nd liegen. (Sollten die M der Vorderteile früher aufgebraucht sein, laufen die beiden letzten zusammengestrickten M einfach weiter mit.)

Mit Nd Nr. 2 stricken Sie um den Hals ein 3 cm breites Bündchen im re-li-Rippenmuster. Abketten.

Ärmel-Seitennaht schließen. Druckknöpfe an die Leiste nähen und obenauf mit Knöpfen verzieren.

Sportpullover

(Abb. Seite 133)

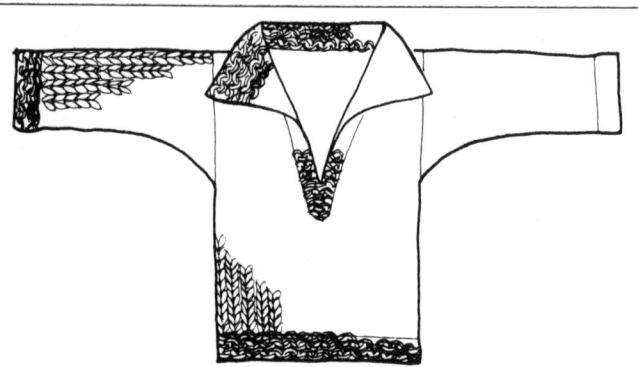

Material: 50–100 g Wolle. Stricknd Nr. 2½.

Rücken: 36/42/50/56 M mit Nd Nr. 2½ anschlagen und 8/10/12/14 R kraus stricken (alle R hin und zurück nur re M).

Im Trikotmuster machen Sie bis zu einer Höhe von 9/12,5/16/19,5 cm glatt weiter.

Für die Schulter stricken Sie 8/9/12/13 M, ketten für den Halsausschnitt 20/24/26/30 M ab und stricken für die andere Schulter wieder 8/9/12/13 M. Das geht bis zu einer Gesamthöhe von 11/14,5/18/21,5 cm für den Rücken so weiter hin und her. Schulter abketten.

Die andere Schulter stricken Sie gegengleich.

Vorderteil: 36/42/50/56 M mit Nd Nr. 2½ anschlagen und 8/10/12/14 R kraus stricken. Im Trikotmuster geht es bis zu einer Gesamthöhe von 4/6/8/10 cm glatt weiter.

Schlitz: 1. R (links): 17/20/24/27 li M, 2 re M und 17/20/24/27 li M stricken.

2. R (rechts) durchgehend rechts abstricken.

3. R. (links): 16/19/23/26 li M, 4 re M, 16/19/23/26 li M.

4. R (rechts): Maschenzahl in der Mitte teilen. 18/21/25/28 M abstricken, wobei die 3 M am Schlitz beidseitig immer rechts abgestrickt werden! Die andern 18/21/25/28 M können Sie auf der Nd liegenlassen oder auf eine Hilfsnd oder einen Faden fassen.

Nach 7/10/13/16 cm vom Anschlag werden am Ausschnitt die 5/5/6/6 ersten M abgekettet und danach wird in jeder 2. R nach der RM 1 M abgenommen, bis noch 8/9/12/13 M auf der Nd liegen.

Mit dieser Maschenzahl stricken Sie bis zu einer Gesamthöhe von 11/14,5/18/21,5 cm weiter, ketten dann ab.

Die andere Seite stellen Sie gegengleich fertig.

Schulternähte schließen.

Kragen: Am Halsausschnitt vorn gleichmäßig ca. 10/12/13/15 M, am Rücken 32/36/38/42 M und vorn nochmals 10/12/13/15 M auf eine Nd nehmen und 5/6/7/8 cm kraus (alle R re M) stricken. Abketten.

Ärmel: 24/30/36//42 M anschlagen und 8/10/12/14 R kraus stricken. Im Trikotmuster geht es bis zu einer Höhe von 6/7,5/9/10,5 cm weiter. Nehmen Sie in jeder 2. R an beiden Seiten nach der RM 5× je 1 M zu und ketten Sie wieder ab.

Der zweite Ärmel wird genau gleich gestrickt.

Nähen Sie die Ärmel so in die Armlöcher, daß die Ärmelmitte an der Schulternaht liegt. Ärmel-Seitennaht schließen.

Der Sportjumper im Trikotmuster entstand aus naturfarbener Baumwolle. Bündchen und Kragen sind kraus gestrickt. Anleitung für die Mütze auf Seite 95.

Bequemer Hausanzug

(Farbabb. gegenüber Seite 112, unten rechts, linkes Modell)

Material: 100 g Baumwollgarn und andersfarbiger Wollrest. Stricknd Nr. 2 und 2½. Reißverschluß.

Hosenbeine: 32/38/44/50 M auf Nd Nr. 2 anschlagen. Im Rippenmuster (1 re, 1 li) das Bündchen 2 R blau, 2 R grün, 2 R blau, 2 R grün stricken. Dann geht es einfarbig glatt mit Nd Nr. 2½ 6/7/8/9 cm hoch weiter.

Nehmen Sie in jeder 2 R an beiden Seiten nach der RM je 1 M zu, bis das Bein 44/50/56/62 Maschen breit ist. Bei einer Länge von 9/11/14/16 cm werden an jeder Seite die 2 äußeren M abgekettet und die restlichen 40/46/52/58 M auf eine Hilfsnd genommen.

Stricken Sie das zweite Bein genauso.

Alle M beider Beine werden von rechts zusammengestrickt und weitere drei R darübergestrickt.

5. R. (rechte Seite): 1 M stricken, 2 M re zusammenstricken und glatt weiterarbeiten, bis vom ersten Bein noch 2 M auf der Nd liegen; diese re zusammenstricken. Die folgenden beiden ersten M des anderen Beines stricken Sie ebenso zusammen; dadurch entsteht der hintere Zwickel.

Wenn vorn an diesem Bein noch 3 M übrig sind, stricken Sie 2 re M zusammen, 1 re M.

Dieses Abnehmen in jeder 2. R wiederholen, bis 64/76/92/104 M auf der Nd liegen. Nun stricken Sie bis zu einer Höhe von 12/16/20/24 cm, vom Anschlag gemessen, hin und her.

Mit Nd Nr. 2 am Bauch ein quergestreiftes Bündchen im Rippenmuster stricken und dann wieder mit Nd Nr. 2½ bis zu einer Höhe von 16/21/26/31 cm vom Anschlag glatt weiterstricken. Teilen Sie die M für Vorderteile und Rücken so auf, daß für das rechte Vorderteil 14/17/21/24 M auf eine Hilfsnd (Faden) kommen. 4 M werden für das Armloch abgekettet.

Rücken: Für den Rücken 28/34/42/48 M stricken; 4 M für das Armloch abketten. Die übrigen 14/17/21/24 M werden für das linke Vorderteil auf eine Nd gelegt. – Es geht beim Rücken 5/6/7/8 cm weiter. Ketten Sie nun die 18/20/22/24 mittleren M ab. Die rechts und links davon liegengebliebenen 6/7/10/12 M ergeben, 2 cm hoch gestrickt, die Schultern. Abketten.

Vorderteile: Nun nehmen Sie die 14/17/21/24 M des rechten Vorderteils auf und stricken 4/5/6/7 cm hoch weiter. Für den Halsausschnitt werden 4/5/6/7 M abgekettet; danach noch in jeder 2. R je 1 M, bis 6/7/10/12 M übrig sind. Wenn das Vorderteil 7/8/9/10 cm mißt, wird abgekettet.
Stellen Sie das linke Vorderteil gegengleich fertig.
Schultern zusammennähen.

Hals: Am Halsausschnitt mit Nd Nr. 2 ca. 50/54/58/60 M gleichmäßig auffassen. Gestreiftes Bündchen 1 re, 1 li im Rippenmuster stricken. Abketten.

Ärmel: 22/26/30/34 M mit Nd Nr. 2 anschlagen und gestreiftes Bündchen im Rippenmuster stricken. Es geht mit Nd Nr. 2½ glatt weiter. In jeder 4. R nehmen Sie an beiden Seiten je 1 M zu, bis 38/44/50/56 M erreicht sind. Der Ärmel wird bei einer Länge von 12/14/16/18 cm abgekettet.

Stricken Sie den zweiten Ärmel genauso.

Ärmelnähte schließen; Ärmel in die Armlöcher einnähen. Schrittnaht vorn 2–3 cm hoch zusammennähen. Beinnähte schließen. Vorn Reißverschluß einnähen.

Hausanzug mit Rollbündchen

(Farbabb. gegenüber Seite 112, unten rechts, rechtes Modell)

Material: 100 g Wolle. Stricknd Nr. 2½. Reißverschluß

Sie gehen nach der obigen Beschreibung (bequemer Hausanzug) vor, doch fangen Sie gleich mit Nd. Nr. 2½ im Trikotmuster an. An Bauch und Hals bekommt der Overall ein schmales Rippenbündchen.

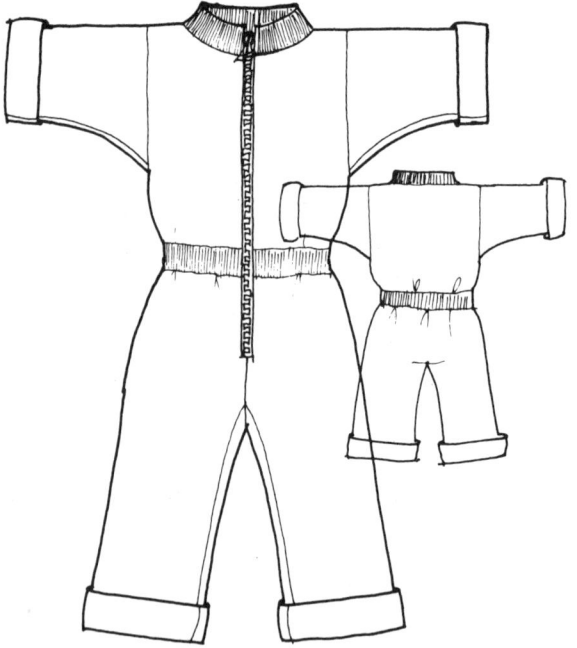

Kuscheltiere

Elefant

(Farbabb. gegenüber Seite 113, unten links)

Material: Ca. 50 g feine graue Wolle und ein rosa Wollrest. 1 Spiel Strumpfstricknd Nr. 2½. Polyesterflocken oder Watte.
Strickprobe: 26 M und 40 R ergeben 10 cm². Nehmen Sie eventuell dünnere oder dickere Nd.

Körper und Kopf: Angefangen wird von hinten. Sie schlagen mit grauer Wolle 8 M an, die Sie auf 4 Nd verteilen. Nach der 1. Rd in jeder Rd pro Nd 1 M zunehmen (jede 1. M auf der Nd zweimal abstricken), bis auf jeder Nd 25 M liegen. Insgesamt 10 cm stricken.
In jeder Rd 4 M abnehmen, indem auf der 1. und 3. Nd jeweils die beiden ersten und die beiden letzten M zusammengestrickt werden. Wenn auf der 1. und 3. Nd noch 5 M liegen, werden von der 2. und 4. Nd je 5 M auf die 1. Nd genommen; ebenso auf die 3. Nd.
Sie nehmen in jeder 2. R 8 M ab, indem Sie die beiden ersten und die beiden letzten M jeder Nd zusammenstricken. Wenn 20 M übrig sind, werden für den *Kopf* in jeder Runde aus der ersten und letzten M der 1. und 2. und 3. Nd je 2 M gestrickt, bis auf jeder Nd 19 M liegen. Nach 5 cm in jeder Rd auf der 1. und 2. und 3. Nd. je 2 M abnehmen, bis auf allen 4 Nd zusammen insgesamt noch 20 M liegen.
Körper und Kopf stopfen Sie mit Polyesterflocken oder unfixierter Kunstfaserwatte aus.

Rüssel: Über die 20 M vom Kopf 4 Rd stricken. 5. Rd: Bis zur 2. Nd stricken, wenden und Nd zurückstricken; wieder wenden und 4 Rd stricken. Dieses Wenden noch zweimal wiederholen und den Rüssel nach 9 cm abketten, ausstopfen und zunähen.

Beine: Mit rosa Wolle 8 M anschlagen und auf 4 Nd verteilen. In jeder Rd auf jeder Nd 1 M zunehmen, bis 7 M auf jeder Nd liegen. Nun 7 cm grau weiterstricken, abmaschen. Insgesamt 4 Beine stricken, ausstopfen und an den Körper nähen.

Schwanz: 10 M grau anschlagen und auf 4 Nd verteilen. 4 cm in der Rd stricken. Abketten. Schwanz an den Körper nähen und mit einer Quaste abschließen.

Ohren: 12 M grau anschlagen und mit 2 Nd glatt stricken. Fünfmal auf jeder Seite in jeder 4. R je 1 M aufnehmen und 8 cm stricken. Mit rosa Wolle die Innenseite des Ohrs »entgegen« stricken (abnehmen statt zunehmen!).
Sie brauchen zwei Ohren. Grau auf rosa werden sie zusammengenäht und am Kopf befestigt.
Die Augen sticken Sie mit Maschenstich auf (siehe Seite 122).

Strickpuppe

(Farbabb. gegenüber Seite 113, unten rechts)

Material: 100 g Wolle. 1 Spiel Strumpfstricknd Nr. 2½.
Strickprobe: 26 M und 40 R ergeben ein Quadrat von 10 cm
Seitenlänge. Verwenden Sie eventuell dünnere oder dickere Nd!

Kopf: 4 M anschlagen und auf 4 Nd verteilen, einmal
darüberstricken und zur Rd schließen. Nun nehmen Sie auf jeder
Nd je 1 M zu (Faden zweimal durch die erste M holen), bis 15 M
auf jeder Nd liegen. 5 cm stricken. Sie stricken die beiden ersten
und die beiden letzten M der 1. Nd in jeder R und die der anderen
Nd in jeder 2. R zusammen, bis 22 M übrig sind.
Sie verteilen die M so, daß auf der 1. Nd 5 M liegen, wobei die
letztlich übrigbleibende M in der Mitte liegen muß (also die 3. M
bildet). Auf der 2. und 4. Nd liegen je 6 M, auf der 3. Nd 5 M.
4 Rd stricken.

Körper: Auf der 1. und 3. Nd in jeder Runde 2 M zunehmen
(Faden zweimal durch die erste und letzte M holen). Bei 15 M auf
der 1. und 3. Nd wird zusätzlich in jeder 2. Rd auf den Nd 2 und 4
in gleicher Weise zugenommen. Sobald auf den Nd 1 und 3 je 25 M
erreicht sind, wird nur noch auf der 2. und 4. Nd zugenommen, bis
auf diesen je 24 M liegen, die auf eine Hilfsnd genommen werden.
Die 25 M der ersten Nd stricken Sie auf 2 Nd über: 13 M auf die 1.,
12 M auf die 2. Nd. Dazu schlagen Sie 4 M an. Davon nehmen Sie 2
M auf die 3. Nd herüber und noch 13 M von drüben; 4. Nd = 12 M
und 4 neue dazu anschlagen. Zwei von den neuen M auf die 1. Nd
nehmen (= 58 M). 7 cm stricken. In jeder 2. Rd insgesamt fünfmal 1
M am Ende der 1. und 3. Nd zunehmen. Die fünf mittleren
zugenommenen M vorn und hinten abketten.

Rechtes Bein: Die M, aus denen das linke Bein entstehen soll,
kommen auf eine (Sicherheits-)Nd oder einen Faden.
Sie verteilen die M auf 4 Nd. In jeder 4. Rd. werden zweimal je
zwei M abgenommen, indem Sie die beiden letzten M der 1. und 4.
Nd zusammenstricken. Das Bein wird 10 cm lang.

Ferse: Die M der 3. und 4. N nehmen Sie auf eine Nd, stricken 11 M, wenden, stricken 10 M zurück, wenden, stricken 9 M zurück usw., bis noch 2 M übrig sind. Nun stricken Sie aus jeder Wendung 2 M heraus und stricken auf allen 4 Nd 2 cm in der Rd.

Beim Abketten werden von jeder Nd immer die beiden ersten M zusammengestrickt, bis 4 M übrig sind. Wolle abreißen und durch die M ziehen. Vernähen.

Linkes Bein: Sie nehmen die M für das linke Bein auf. Es wird genau wie das rechte Bein fertiggestrickt.

Arme: Die 24 für den einen Arm reservierten M nehmen Sie auf 4 Nd. Am Anfang der 1. Nd und am Ende der 4. Nd je 2 neue M holen. 2 M abnehmen, indem in jeder 2. Rd die ersten und letzten M der 1. und 4. Nd zusammengestrickt werden. Auf 20 M abnehmen und 10 cm stricken. Genau wie beim Fuß nach und nach abketten.

Der zweite Arm wird genauso gestrickt.

Die Puppe stopfen Sie vom Schritt her aus, ehe Sie sie ganz zusammennähen.

Augen und Mund werden mit Maschenstich (siehe Seite 122) in Farben direkt aufgestickt. Folgen Sie den Strickmaschen in Längsrichtung, wie die Abb. 1 und 2 auf Seite 122 zeigen.

Die Haare der Puppe werden in einer bunten Farbe in Schlingen (Rya-Knüpftechnik) aufgenäht. Der Schlingenknoten ist auf Seite 122 beschrieben.

Jäckchen für die Strickpuppe

(Farbabb. gegenüber Seite 113, unten rechts)

Material: Ca. 25 g Wolle von jeder Farbe in derselben Qualität wie für die Puppe. Etwas dickere Nd (Nr. 3–3½) als für den Körper. Druckknöpfe

Rücken: In einer dunkleren Farbe 66 M anschlagen, 1 R re stricken. 2. R: ✽ 2 re, 2 li M im Wechsel ✽. Stricken Sie 4 R, wobei rechte M über rechten und linke über linken liegen.
Streifen: Es wird glatt in Ringelstreifen weitergestrickt, 2 R hell, 2 R dunkel, je viermal, mit einem dunklen Streifen enden. In der letzten dunklen R ketten Sie auf jeder Nadel die 3 äußeren M ab.

Vorderteil: Die M des Rückenteils kommen auf eine Hilfsnd oder einen Faden.
Sie schlagen für das Vorderteil 33 M an. Das Bündchen wird wie im Rücken in Rippen 2 re, 2 li gestrickt; auch das Streifenmuster wiederholt sich. In der letzen dunklen R ketten Sie die drei letzten M ab, nehmen die übrigen M auf eine Hilfsnd und stricken das zweite Vorderteil gegengleich zum ersten. Auch diese M kommen auf eine Nd.

Ärmel: Sie schlagen 30 M an und stricken fünfmal das Streifenmuster, enden mit 2 dunklen R und ketten in der letzten R an jeder Seite 3 M ab.
Zwei Ärmel stricken!

Passe: Der Reihe nach nehmen Sie das linke Vorderteil, den ersten Ärmel, Rücken, den zweiten Ärmel und das rechte Vorderteil auf eine Nd. Alle Teile werden mit 1 R hellem Garn verbunden, indem Sie von jeder Nd die letze M mit der ersten M der folgenden Nd zusammenstricken (= Nahtmasche). Nach 4 R werden 8 M abgenommen, indem vor und hinter jeder Nahtmasche je 2 M zusammengestrickt werden. In der Folge nehmen Sie in jeder 2. R so ab, bis noch ca. 32 M übrig sind.
Für das Halsbündchen schließen Sie in re-li-Rippen mit 6 Reihen in heller Farbe ab.
Das Jäckchen wird zusammengenäht, und die Fäden werden versäubert. Druckknöpfe vorn bilden den Verschluß (siehe auch Zeichnung S. 142).

Hose für die Strickpuppe

(Farbabb. gegenüber Seite 113, unten rechts)

Material: Ca. 25 g Wolle. Nd wie für das Jäckchen und entsprechende Häkelnd Perl-Inox Nr. 3 oder 3½. Eine kleine Schnalle.

Hose: 30 M werden angeschlagen und 3 R kraus gestrickt. Sie stricken bis zu einer Länge von 8 cm glatt weiter. Dann nehmen Sie in jeder 4. R nach den zwei Außenmaschen insgesamt 6× je 1 M zu. Nach 12 cm werden an jeder Seite die 3 äußeren M abgekettet und in den nächsten R noch zweimal je 1 M.
Nach einer Gesamtlänge von 18 cm vom Anschlag wird abgekettet. Wenn das zweite Bein fertig ist, schließen Sie die Innennähte an den Beinen und danach die Kreuznaht.

Schlaufen: 4 M anschlagen, 3 cm stricken, abketten. Sie brauchen 5 Schlaufen, die über den Hosenbund genäht werden.

Taschen: 10 M anschlagen und 3 cm kraus und dazu noch 3 cm glatt stricken. Abketten.
Der Gürtel wird gehäkelt. 6 M anschlagen, daraus 5 feste M häkeln. Nach ca. 35 cm Länge Faden abreißen und vernähen. Die Schnalle stammt hier von einem alten Uhrarmband.

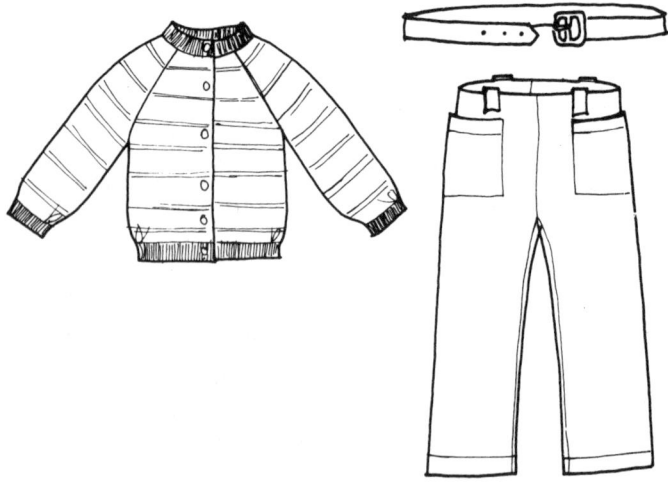

Register

Ratschläge

Genähtes

Gestricktes